LA CALIFORNIE

Récit

Jules Huret

Charmante et pittoresque

Présenté par Émilie Cappella

Jusqu'au milieu du XIXe siècle, les voyageurs français en Amérique limitent leur itinéraire aux grandes villes de la côte Est, entre Washington et Boston. Quelques-uns s'aventurent en Louisiane, ancienne province française, puis, après la guerre de Sécession, à Chicago et à Detroit qui deviennent des passages obligés du « tour américain ». Aujourd'hui encore, les Français gardent une préférence pour le Nord-Est et quelques sites naturels (les chutes du Niagara, le Grand Canyon…).

La Californie est devenue une destination très attractive dans la deuxième moitié du XIXe siècle : en 1848, la découverte de l'or près de Sacramento a provoqué l'arrivée massive des chercheurs d'or. En 1852, la population, qui vient des quatre coins du monde, a plus que décuplé. La région se développe très vite pour faire face à cet essor démographique, notamment en construisant des lignes de chemin de fer qui facilitent les déplacements des immigrants, mais le voyage en Californie ne présente pas encore les attributs du voyage d'agrément. L'on ne traverse le continent américain jusqu'à cette côte sauvage que pour faire fortune, et il faudra attendre le XXe siècle pour que le tourisme se développe.

Jules Huret (1864-1915) est connu principalement pour son *Enquête sur l'évolution littéraire* (1891), qui a inauguré le genre de l'interview littéraire et valu au jeune journaliste une grande renommée et une réputation d'interviewer féroce. Dans les années 1890, il poursuit ses investigations du côté du socialisme en plein développement et mène une consultation populaire dans les usines, qu'il publie avec succès en 1896 sous le titre *Enquête sur la situation sociale en Europe*. Reconnu comme l'un des fondateurs du journalisme moderne, Jules Huret est un globe-trotter curieux, indépendant, dont les idées larges et la plume mordante préfigurent le « style Albert Londres ». Il donne leurs lettres de noblesse à des reportages sur le vif, libres d'esprit et plutôt informels. Lorsque ce reporter moderne embarque pour l'Amérique du Nord, il vient de réunir en volume ses premiers reportages sous un titre qui résume bien son ambition : *Tout yeux, tout oreilles* (1901).

En 1902, Huret arpente l'Amérique du Nord pour *Le Figaro* pendant huit mois selon un parcours qui se veut assez complet : New York, Boston, Philadelphie, Pittsburgh, Cincinnati, La Nouvelle Orléans, la Californie, l'Utah, le Colorado, l'Arkansas, Chicago, le Niagara, le Québec. Le récit de son voyage est publié en deux volumes, *En Amérique : de New York à La Nouvelle Orléans* (1904), puis *De San Francisco au Canada* (1905), dont nous reproduisons ici les pages californiennes.

La deuxième partie de son périple commence lorsque le voyageur quitte la Louisiane – c'est-à-dire une partie de l'Amérique familière aux Français – et prend le chemin de la côte Ouest, où se réunissent les deux principaux mythes américains : celui du pionnier (conquête, travail, récompense) et celui de l'Eldorado (l'argent facile). Après trois jours d'express à travers les déserts du Texas et de l'Arizona, il entre en Californie comme dans un paradis et nous offre un tableau inaugural ravissant, léché, plein de gaieté. Los Angeles, « une ville charmante et un centre d'excursions pittoresques », est une véritable oasis. À rebours de ses compatriotes qui dénient aux Américains le sens artistique, Huret fait confiance à la beauté des lieux pour stimuler les âmes artistes : « Par les fenêtres des cottages, on aperçoit des plis de rideaux coquets, des vases d'une forme choisie, des fleurs encore. Sans nul doute, les gens qui habitent là doivent penser à orner leur vie. Ce ne sont pas seulement des faiseurs d'affaires et des producteurs de richesse ; il y a là, à coup sûr, des artistes – et s'ils ne le sont pas, soyez certains qu'ils le deviendront bientôt… La nature les y aidera. Car il doit être difficile, pour des êtres déjà civilisés, de vivre indifféremment au sein d'une telle beauté. » À Pasadena, la beauté est « presque trop parfaite ». Entourée de résidences hivernales encore discrètes comme

Hollywood, bientôt convoitée par les compagnies de cinéma, mais où l'on ne va encore que « pour respirer des parfums », Los Angeles jouit aussi de stations balnéaires vouées à une renommée internationale, comme l'« adorable village » de Santa Barbara. À San Francisco, ville neuve d'une cinquantaine d'années, Huret est frappé par la liberté des mœurs, la beauté des femmes, la pauvreté de Chinatown et la cherté de la vie. Il relate les aberrations engendrées par la Ruée vers l'or et l'éclat des fortunes rapides, visite le tribunal, la bibliothèque, les écoles primaires, les *boy's club* et les universités… Quatre ans plus tard, un grand tremblement de terre détruira la ville.

Jules Huret contribue à créer le tableau d'un pays idyllique, véritable paradis naturel qui donne « une impression de richesse luxuriante et magnifique et d'intarissable fécondité. » Il multiplie les images charmantes et ensoleillées d'une Riviera à l'américaine, comme le meilleur de la Méditerranée transposé en Amérique. La Californie de Jules Huret ressemble fort en effet à la Riviera française de la même époque, refuge des riches en quête de repos, avant de devenir le lieu de fêtes des grands de ce monde. Il apprécie également d'y rencontrer des « flâneurs, catégorie inconnue de l'autre côté du pays », mais ordinaire en Europe, synonyme d'oisiveté luxueuse et de plaisirs contemplatifs. Cette Californie est l'antithèse de la côte Est, aussi douce et accueillante que New York est brutale et frénétique au regard français. On est déjà loin de la Ruée vers l'or et de sa fièvre. Le prisme européen est tel que le reporter, croisant des terrassiers chinois, les trouve « habillés à l'européenne » plutôt qu'à l'américaine. Cette perspective n'empêche pas Jules Huret de deviner avec justesse le destin de la Californie en plein essor, qui compte alors un million et demi d'habitants et va bientôt devenir la capitale des mœurs libres et de l'argent facile sous le soleil, notamment grâce au pétrole. « L'un des sols les plus fertiles de l'univers, un climat toujours égal, joints à la situation idéale de ses côtes en feront à n'en pas douter, avant peu d'années, un des États les plus riches des États-Unis. »

Texte extrait de *En Amérique : de San Francisco au Canada*, publié en 1905.

LA CALIFORNIE

LOS ANGELES

Changement à vue. — La Californie du sud. — Après le désert. — Vergers en fleurs. — L'Angélus de bienvenue. — Une jolie ville. — Los Angeles. — Le boom. — Voies de tramways ambulantes. — Le paradis terrestre. — Végétation semi-tropicale. — Les villas. — Architecture charmante. — Jour de pluie. — Les bateaux-tramways. — Sauvetage des voyageurs. — Les conducteurs galants. — Poitrinaires au repos. — Pasadena, station d'hiver. — Richesse. — Dans l'océan Pacifique. — Catalina Island. — Les bateaux de verre. — Végétation sous-marine. — Hollywood. — Les champs d'orangers, de fraisiers, de pêchers. — Hands up ! — *Tramway assailli. — Voyageur tué.*

Quand nous nous réveillâmes le matin du quatrième jour, nous étions sortis des plateaux déserts du Texas et de l'Arizona. De nouveaux conducteurs de train portaient des casquettes de paille et des vestons de toile bise. Des deux côtés de la route, s'étendaient de vastes champs de pêchers, de pruniers, d'abricotiers alignés géométriquement. Dans le ciel, d'une douceur nuptiale, des nuages d'argent voguaient lentement ; les rayons du soleil matinal tombaient sur les fleurs blanches et roses des arbustes et allumaient dans leur verdure sombre les oranges d'or. De petites maisons de bois, gaies et claires, bordaient les champs ; sur la lisière des chemins, il y avait de grands poivriers au feuillage délicat, aux longues grappes tombantes de baies couleur d'hyacinthe, et des cactus. Sur le fond du paysage, des montagnes découpaient leurs crêtes bleues et les pics rayonnants des glaciers. Une odeur d'herbe, de verdure fraîche accompagnait le train. San Gabriel, vieille mission espagnole bâtie près de la ligne du chemin de fer, étalait ses murs vieux de plus d'un siècle et cuits par le soleil ; quand nous passons, de jolies petites cloches, abritées sous des arceaux découpés à jour, se mettent à sonner gaiement l'Angélus comme une bienvenue.

Le train s'arrête peu après, à Los Angeles. On m'avait dit que c'était une ville charmante et un centre d'excursions pittoresques. Et vraiment, les jolies villes sont trop rares aux États-Unis pour que l'on ne s'empresse pas de jouir de celles qu'on trouve sur sa route. Je descendis donc du train, et le laissai repartir sans moi.

Je ne le regrettai pas. Le sud de la Californie, région ravissante, d'un climat et d'une richesse sans pareils, est peuplé de plages et de stations d'hiver et d'été situées le plus heureusement du monde. Les hôtels, où l'on vit pour un prix fort élevé, sont confortables, d'une organisation matérielle de premier ordre, à part la cuisine qui est atroce, comme, d'ailleurs, dans toute l'Amérique.

Los Angeles est une ville toute moderne. Cinquante ans avant, elle ne possédait que deux mille habitants, elle en a à présent près de cent mille. Cette prospérité colossale n'alla pas sans reflux. Il y a quelques années, un boom terrible éclata parmi les spéculateurs de terrains. Des sociétés avaient acheté des quartiers entiers non bâtis de la ville et remis en vente par morceaux. Pour faire croire à l'accroissement rapide du prix des terrains, elles bâtissaient des lignes de tramways dans un certain nombre de rues. Puis, une fois les terrains vendus, elles transportaient les rails dans un autre quartier, et ainsi de suite jusqu'à épuisement des lots ! Le krach arriva. Des immeubles conçus sur des plans énormes restèrent inachevés à leur premier étage. Et aujourd'hui encore, on peut voir dans la principale rue de Los Angeles, à côté de maisons très hautes, des masures sans étage dont le rez-de-chaussée seul est occupé par des magasins. Cela n'empêche rien. La prospérité va sans cesse croissant, et c'est à présent la deuxième ville de la Californie.

Mais, quand on s'éloigne du centre de la ville, vers le quartier des résidences, quel enchantement ! Je n'oublierai jamais la sensation joyeuse, l'émerveillement – c'est le mot – que j'éprouvai quand le tramway électrique nous eut conduits, mon ami le prêtre irlandais et moi, dans les rues et les avenues de l'ouest, aux larges trottoirs de ciment bordés d'oliviers de Chine, de poivriers qui ont l'air de hauts groseilliers rouges avec des branches pleureuses comme des saules, de lataniers aux larges éventails vernis, de camphriers odorants, de yuccas chevelus et d'eucalyptus ; des pelouses propres, nettes comme des plats d'épinards, entourent des villas de bois et briques, élevées d'un ou deux étages, peintes des couleurs les plus gaies, roses, bleues, vert pâle, saumon, jaunes, rouges, les mieux assorties à la lumière du ciel, à l'atmosphère claire, et entourées, assaillies, ceinturées de verdure et de fleurs. C'est la première fois qu'en Amérique je rencontre des architectures originales. Et non seulement elles ne ressemblent pas à celles que j'ai vues jusqu'ici, mais elles sont d'un goût adorable, ingénieuses et variées comme cette nature elle-même, gracieuses, élégantes, soignées, intimes et engageantes. Beaucoup sont d'un style Renaissance espagnole – « style-mission » – avec des toits presque plats de tuiles rouges, de petites tours rondes surmontées d'un dôme hispano-mauresque, des galeries aux arceaux de plein cintre, comme les cloîtres des franciscains du dernier siècle ; d'autres mélangent le style colonial avec le style mexicain, imitant les constructions grossières d'adobe, et toutes sont personnelles et jolies !

Par les fenêtres des cottages, on aperçoit des plis de rideaux coquets, des vases d'une forme choisie, des fleurs encore. Sans nul doute, les gens qui habitent là doivent penser à orner leur vie. Ce ne sont pas seulement des faiseurs d'affaires et des producteurs de richesse ; il y a là, à coup sûr, des artistes – et s'ils ne le sont pas, soyez certains qu'ils le deviendront bientôt... La nature les y aidera. Car il doit être difficile, pour des êtres déjà civilisés, de vivre indifféremment au sein d'une telle beauté.

Et quelle nature !

Des palmiers hauts de dix mètres, amples, touffus ; des yuccas colossaux, échevelés comme des têtes d'Euménides ; toutes les plantes grimpantes, rosiers, géraniums, volubilis, glycines, clématites, capucines, enlaçant les troncs des dattiers, des cyprès, des cocotiers, escaladant les branches et se hissant jusqu'au sommet des caoutchoucs, des saules, des aloès énormes, aigus comme des épées. Et l'air, embaumé des émanations des citronniers, des orangers, des camphriers aux feuilles d'émail rose, des mimosas en fleurs, des jacinthes plantées entre les écailles des dattiers, et de toutes les fleurs éparses dans les parterres, lis, œillets, iris, daturas, héliotropes, et surtout des roses ! Cette profusion de plantes aromatiques et de parfums vous donne une impression de richesse luxuriante et magnifique et d'intarissable fécondité.

C'est ici que les meurtris de la lutte américaine viennent se refaire. On y entend beaucoup tousser. Des gens pâles se promènent lentement dans les rues bruyantes – ce qu'on ne voit nulle part ailleurs. S'ils sont forcés de travailler et que leur profession soit trop dure, ils se font garçons de restaurant ou conducteurs de tramways, pour ne pas quitter ce climat béni.

Il paraît qu'il ne pleut pas souvent à Los Angeles ; mais quand il pleut, c'est pour de bon ! J'ai assisté à une journée de pluie, car il faut bien tout voir ! Dans les rues, les avenues transformées en véritables ruisseaux opalisés par les traces de pétrole, qui sourd à chaque pas du sol en ce pays, les tramways seuls pouvaient encore – mais à grand'peine – circuler. Leurs chasse-pierres fendaient l'eau comme des proues de bateau. Les trottoirs sont heureusement assez élevés au-dessus de la chaussée ; sans eux, les maisons seraient inondées. À chaque coin de rue, des gens se déchaussaient et relevaient leur pantalon pour descendre des cars. D'autres, plus indifférents, pataugeaient flegmatiquement avec leurs bottines dans l'eau jaunâtre où ils trempaient jusqu'au mollet et quelquefois jusqu'au genou. Les chiens n'avaient pas besoin de se baisser pour boire. Quand une dame voulait traverser, soit pour monter, soit pour descendre, il lui fallait faire quelquefois des kilomètres pour trouver un gué. Mais il arrivait que, selon l'humeur du conducteur ou le minois de la voyageuse, celui-ci s'élançait bravement dans le fleuve en la portant dans ses bras. Il revenait de son expédition trempé jusqu'aux jarrets. Et tout cela tranquillement, froidement, sans rires et sans cris.

***

Pasadena (prononcez : Paçadîna). C'est le nom d'une station d'hiver, à une heure de tramway de Los Angeles. Pays de résidences riches. La nature y paraît plus luxuriante encore qu'à Los Angeles. J'ai vu là des vergers miraculeux. C'étaient, autour de villas somptueuses et parmi d'autres arbres et d'autres fleurs, des pamplemousses et des orangers qui offraient à la fois leurs fleurs blanches et leurs fruits d'or. Près des orangers, étaient plantés des buissons de roses roses et de roses blanches, tout en fleurs. Ces milliers de roses grimpées très haut, atteignaient le sommet des orangers, et redescendaient en cascades parmi la verdure et les fruits.

Les rues de Pasadena, bordées de trottoirs de ciment, d'une propreté idéale, de pelouses et de parterres verdoyants et couverts de fleurs, plantées de camphriers, de lataniers et de poivriers, ressemblent à nos plus belles promenades des villes de la Côte d'Azur. Mais on sent ici une terre plus forte et plus neuve, une sève plus abondante, plus de vraie richesse, moins d'élégance et de recherche. Quelquefois des automobilistes passent à toute vitesse. Que sont venus faire ici ces fous ? Il me semble qu'on ne devrait y recevoir que des gens paisibles, qui aiment à contempler et à vivre en paix. Le spectacle de ces villas est tellement adorable ! Les fenêtres sont grandes ouvertes. Devant les façades, dévorées par les roses et les géraniums, ou couvertes par des haies de fuchsias ou des rideaux d'églantines, de clématites et d'autres belles fleurs inconnues, s'étalent des parterres d'œillets, de verveines, de primevères, d'héliotropes ; sur le gazon, des averses d'oranges sont tombées ; les troncs des palmiers ont l'air de sortir de grands vases de roses, de jacinthes, de géraniums rouges et roses et de capucines. On a devant soi un horizon de montagnes bleues et de sommets neigeux ; des oiseaux chantent dans la chaleur du jour ; l'air est embaumé du parfum des fleurs, des orangers et des citronniers ; sur la route, des jeunes filles coiffées d'un béret rouge, à califourchon sur de petits chevaux mexicains, galopent à côté de voitures légères aux roues étroites traînées par des chevaux à peine harnachés, presque nus, que des femmes conduisent. Sensation de richesse opprimante, d'abondance presque exagérée, de beauté presque trop parfaite, de douceur tyrannique ; on n'a pas envie de faire un mouvement, un geste, de travailler, ni d'agir.

***

De Los Angeles, on va à Catalina Island : c'est une île située en plein océan Pacifique, à trois heures de bateau. On y consacre généralement une journée à se promener par les sentiers abrupts, remplis d'une végétation abondante et rare, et à regarder sur le panorama immense du Pacifique passer les grands bateaux qui vont à San Francisco. Sur la plage, de petites barques, dont le fond est de cristal, vous emmènent à quelque distance dans le golfe tranquille pour admirer les végétations sous-marines. À travers l'eau verte et bleue défilent les paysages aquatiques. Le batelier nomme les plantes, les poissons, indique les profondeurs. On s'étonne, on interroge, on s'écrie. Voici des rocs incrustés de coquillages, des poissons rouges, des poissons verts, des poissons d'argent, qui zigzaguent lentement à travers les fougères mouvantes, les algues gracieusement balancées par le flot ; sur des fonds lointains de graviers, la mer s'opalise de reflets changeants ; voici de vrais arbres aux longues branches qui semblent agitées par un vent d'orage ; de gros poissons de toutes formes apparaissent comme à travers les vitres d'un aquarium : il y a des poulpes géants, des madrépores, des étoiles de mer accrochées aux flancs des rochers ; puis, des feuillages encore, des rubans couleur d'arsenic avec des grappes de fruits semblables à l'olive. On a l'illusion de champs fertiles submergés par une tempête. Penchés sur le verre transparent, les gens admirent et s'extasient.

***

Je suis allé aussi à Hollywood, à une dizaine de kilomètres de Los Angeles. Le long de la route, de tous côtés, des ranchs d'orangers, de citronniers, de pêchers et de fraises, s'étendant aussi loin que l'œil peut voir, jusqu'aux collines qui ondulent gracieusement à l'horizon. On vient là pour respirer des parfums, je suppose, et l'atmosphère est, en effet, suave. Le regard, d'abord ravi de ces milliers d'arbustes qu'on dirait illuminés pour des Noëls en plein air, se fatigue vite des alignements géométriques et de la monotonie des verdures.

Sur le bord de la route, se trouvent un hôtel, quelques cottages et une banque !

C'est sur cette route, dans un encaissement, que, deux jours avant mon excursion, le tramway électrique de Santa Monica avait été arrêté par deux ou trois bandits qui, faisant irruption dans le car, tentèrent de dévaliser les voyageurs. Vous savez comment ils procèdent. Ils crient : *Hands up !* (Les mains en l'air !) Si on tient à la vie, il faut leur obéir. Un revolver à la main, ils obligent les gens à vider toutes leurs poches devant eux, s'emparent de l'argent et des bijoux, et s'en vont. Malheur à qui résiste ! Au moindre geste de défense, ils n'hésitent pas à tirer. Généralement, on ne résiste pas. Ce jour-là, par hasard, un jeune homme qui se trouvait dans le tramway avec sa mère voulut se défendre. Il reçut une balle dans la poitrine, et mourut quelques heures après. Mais les bandits n'insistèrent pas, et s'enfuirent. Les journaux de Los Angeles racontaient l'histoire le jour de mon arrivée comme un fait divers ordinaire. Dans ces contrées bénies, la tradition calabraise s'est transmise très pure.

PLAGES DE MILLIARDAIRES

La côte du Pacifique. — Plages à la mode. — Monterey, San Diego, Santa Barbara. — Les cloîtres des vieilles missions espagnoles. — L'Américain n'aime pas le repos. — Vision de rêve : MM. Rockefeller père et fils. — Un pétrole qui éclaire. — Quatre milliards de fortune. — Courte biographie. — Un homme que même ses amis craignent. — Légende à rectifier. — Rockefeller mange de tout. — Sa santé. — Médecin de parade. — Quelques multimillionnaires. — Marshall Field. — Frick. — Lincoln. — Portraits. — Mrs Rockefeller. — Une milliardaire mal habillée. — Son fils. — Philosophie d'une servante. — Rockefeller ne donne pas de pourboires, mais il fait des cadeaux de trente millions. — Ses habitudes. — Dix heures sonnent. — Paysages. — Pays sans routes. — Dressage de chevaux mexicains.

À Los Angeles, tout le monde m'a dit : « Vous ne pouvez pas quitter la Californie sans avoir vu Santa Barbara, Coronado Beach, Monterey, San Diego, Riverside. Ce sont les plages de l'Ouest à la mode et, si vous retournez en Europe sans avoir vu cela, vous ne pourrez pas dire que vous connaissez l'Amérique. »

Or, si je ne tiens pas à dire que je connais l'Amérique après l'avoir pourtant arpentée du haut en bas et de long en large avec des zigzags pendant huit longs mois, je tiens au moins à ne pas quitter ce sol lointain avec le remords de m'être sciemment désintéressé, soit d'un beau spectacle à ma portée, soit d'une institution typique.

Je suis donc allé visiter les plages sud-californiennes. Elles se ressemblent à peu près toutes par la chaleur du climat, la douceur du flot, la végétation luxuriante, par l'abondance des fleurs, par la cherté de la vie d'hôtel et aussi par les gens qu'on y voit. À Riverside, près d'une immense avenue de magnolias, il y a de fantastiques cactus-cierges plus grands que des arbres, et dont les troncs sans feuilles, hauts de dix mètres, sont cannelés comme des colonnes ioniques qui auraient des arêtes vives armées d'aiguilles et de dents de scies. À San Diego[1], j'ai vu des palmiers de près de vingt mètres qui furent plantés en 1769 ; près de Santa Monica, on montre une avenue d'eucalyptus de seize kilomètres de long. Partout, non loin des grèves, s'élèvent de ravissantes missions espagnoles, exposées dans des coins abrités, au pied des monts, loin du bruit, au centre de vergers édéniques où abondent les figues, les oranges, les pêches et les fleurs. Quelques pères franciscains vivent là, sous les arceaux de cloîtres blancs et frais couverts de tuiles roses ; une vieille fontaine coule au milieu de la cour dans une vasque de pierre moussue ; des roses et des géraniums grimpent le long des piliers de briques qui s'effritent.

1. C'est aussi à San Diego que j'ai vu des femmes-pilotes, en jupe courte et casquette galonnée. (N.d.A.)

Ils y mènent la vie que devaient mener là, il y a un siècle, les fondateurs des missions espagnoles et portugaises qui furent en même temps des colons. On va visiter ces lieux comme les seuls vestiges du passé du Nouveau Monde. Et les Américains ont, naïvement, devant ces murs sans histoire et sans architecture, à peine séculaires, la même curiosité, le même respect que nous ressentons devant nos cathédrales du Moyen Âge ou les ruines du Parthénon.

Une réclame énorme en affiches, en brochures, en prospectus, en annonces de journaux, essaye d'attirer dans l'Ouest les Américains qui veulent se reposer. Mais, c'est dur… L'Américain veut travailler, les journées sont courtes, et la Californie est à quatre ou cinq jours de l'Est. Aussi, y voit-on relativement peu de monde, et un monde spécial : hommes entre cinquante et soixante ans, femmes entre deux âges, peu ou pas de jeunes filles.

***

À l'hôtel de Santa Barbara, le soir, dans les allées et venues de l'avant-dîner, parmi la foule animée des habits noirs et des toilettes de femmes, dans le grand hall de l'hôtel étincelant de lumière, on me montre M. Rockefeller, le père !

Vous connaissez le nom de cet homme, le plus riche des milliardaires américains, c'est-à-dire, à coup sûr, le plus riche de tout l'univers. Dans ce pays où l'effort individuel trouve le plus facilement à se déployer, et où seul il compte, M. John D. Rockefeller est évidemment le plus extraordinaire des hommes. On estime à plus de quatre milliards de francs sa fortune totale. Mais personne n'a compté avec lui, et il n'a jamais fait de confidences à personne. On sait seulement qu'il y a neuf ou dix ans, lorsqu'on a procédé au recensement des bons du trésor des États-Unis, il y en avait sur quatre cents millions de dollars quatre pour cent à son nom. On sait aussi que la Standard Oil, sa grosse affaire, c'est-à-dire le trust du pétrole, lui rapporte par an cent millions de francs. Enfin, son nom figure parmi les plus gros propriétaires des plus fortes compagnies de chemins de fer américains.

Or, il y a quarante ans, en 1864, il n'avait pas mille dollars en poche. C'était un pauvre garçon de librairie à Cleveland, dans l'Ohio. Il se mit à étudier les affaires d'huile de pétrole, entra comme employé aux Docks, et commença par quelques petites spéculations heureuses, qui, depuis, ont prospéré sans cesse. Aujourd'hui, il est le maître absolu du pétrole, on peut dire du monde entier ; chaque coup de balancier des puits à huile l'enrichit, et s'il lui plaît un matin en se levant de faire un cadeau de quelques millions à son ami Harper, président de l'université de Chicago, il n'a, d'un trait de plume, qu'à augmenter d'un sou le cours du jour.

Voilà donc un homme puissant. Et c'est aussi un homme que l'on craint. À New York, à Pittsburgh, à Chicago, j'ai rencontré de ses amis, ou du moins des gens de son intimité, car John D. Rockefeller n'a pas d'amis. Ces gens, riches eux-mêmes de plusieurs centaines de millions, à la tête des plus grosses affaires de banque, d'industrie et de chemins de fer des États-Unis, voulurent bien me renseigner sur eux, sur leurs intérêts, et me recevoir chez eux ; mais aussitôt que je prononçais le nom de Rockefeller, une ombre passait sur leurs visages, le ton de la conversation changeait, et, si je leur demandais de me présenter à leur « ami », je voyais à leur embarras et à leur silence, que je serais mal venu à insister.

Et voilà qu'un soir, à Santa Barbara, au moment d'aller nous mettre à table, mon ami le prêtre irlandais (nous ne nous sommes pas quittés !) me montra le potentat.

Comme on écrit l'histoire !

J'avais lu, en France, avant de partir, que M. Rockefeller, cadavre ambulant, blême et penché sur un bâton de chemineau, n'avait pas mangé depuis six ans, qu'on ne réussissait à le faire vivre qu'au moyen d'une nourriture artificielle. Je me souviens, j'avais lu : « Il meurt, entendez-vous, il meurt de faim, comme un gueux… »

Hélas ! Shakespeare ! Eschyle ! Il faut en rabattre. John D. Rockefeller est un homme de haute taille, à l'ossature puissante. Ses épaules sont à peine voûtées, et il marche sans bâton, d'un pas alerte et sûr. Il n'a, d'ailleurs, que soixante-quatre ans. Certes, il n'est pas beau ! Vous ne trouveriez pas un poil ni sur le sommet, ni sur l'arrière, ni sur la face de cette tête maigre et osseuse, aux maxillaires proéminents, mais dont la peau est rouge, sanguine, comme échaudée. Face de Pierrot sérieux et volontaire, à peau de poulet rose soigneusement plumé. Son nez long s'avance entre deux petits yeux ronds, noirs, au regard droit et dur. Des lèvres très minces, presque invisibles, s'aplatissent au-dessus d'un menton pointu et saillant. À le regarder attentivement, il donne une impression de force et de volonté rigide, sans éclat, mais inflexible ; sous un capuchon de bure, il semblerait un vieux moine de l'Inquisition, comme on en voit dans les musées espagnols ; drapé dans les plis d'une toge, ce serait un intègre Romain de la bonne époque.

Sept heures sonnèrent, et tout le monde se rendit à la salle à manger. Je ne perdais pas de vue le magnat. Il salua en passant M. Frick, de Pittsburgh, l'associé de Carnegie, le plus fort des deux, paraît-il, celui qui eut les idées et les réalisa ; il salua M. Lincoln, fils du grand Lincoln, M. Marshall Field, le Chauchard[2] de Chicago, un Chauchard riche de cinq cents millions, et il prit place à une table toute voisine de la mienne.

J'étais favorisé par le hasard, et j'allais donc voir mourir de faim le roi du pétrole !

Il était assis au milieu des siens, devant une grande table ronde, entre sa femme, une petite créature maigre, à cheveux gris, laide, en toilette rose ; son fils, un jeune homme de vingt-cinq ans environ,

2. Alfred Chauchard (1821-1909), homme d'affaires et collectionneur français dont le nom reste attaché à l'achat, pour une somme énorme, de *L'Angélus* de Jean-François Millet que se disputaient plusieurs musées américains. Il a légué ses collections au musée du Louvre. (N.d.É.)

entièrement rasé, un binocle d'or sur le nez, des cheveux pommadés séparés par une raie, tête de jeune clergyman ; sa belle-fille, avec un long nez et un menton en galoche ; une de ses filles, brune, de haute taille, insignifiante, très mal habillée (il paraît qu'il n'entend lui donner que quinze millions de dollars de dot) ; et le médecin de la famille, un grand homme fort aux favoris courts en pattes de lapin, haut en couleur, l'air réjoui, tout à fait le type des bons parrains dans les comédies de Scribe et d'Augier.

M. John D. Rockefeller ne mourut pas ce soir-là, ayant mangé de tous les plats qu'on nous servit. Et pourtant, Dieu sait si la cuisine était mauvaise !

Quand mon milliardaire de voisin eut quitté sa table, j'interrogeai la bonne attachée à son service. Il m'avait bien paru manger de tout, mais je voulais en être sûr. La fille me dit :

« Non seulement il mange de tout, mais il a un rude appétit ! Pourtant il boit du lait et mange des crackers au lieu de pain (les crackers sont des espèces de biscottes sèches qu'on trouve sur toutes les tables américaines, de même que du beurre et de l'eau glacée).

Celle qui me parlait était une grande fille solide, aux joues rebondies, à l'œil brillant.

– Voilà un homme qui doit être généreux ? fis-je.

Elle se mit à rire :

– Il vient de Pasadena, me dit-elle, et les journaux de Los Angeles ont raconté qu'il avait quitté l'hôtel Green sans donner un sou de pourboire aux domestiques. Il ne leur a laissé que leurs yeux pour pleurer !

– Voudriez-vous être à sa place ?

Elle s'écria :

– Ah ! non ! Ah ! non !... Si encore il avait des cheveux ! »

Et voilà la vie, monsieur Rockefeller ! Une pauvre fille de salle, quoi que vous en pensiez peut-être, ne vous envie pas !

Tout le monde alla s'asseoir dans les rocking-chairs du grand hall. Je causai un instant avec M. Frick. Celui-ci, non plus, n'est pas un homme ordinaire. Âgé de cinquante-quatre ans, Suisse d'origine, arrivé sans le sou en Amérique, il est riche aujourd'hui de cinquante millions de dollars, soit à peu près deux cent cinquante millions de francs. Il possède vingt-trois mille hectares de terrain houiller, comprenant quatre-vingt-trois mines de charbon, où onze mille mineurs travaillent à son compte pour alimenter ses deux mille fours à coke de Cornelsville. Il me racontait qu'il a produit, en une seule année, trois cent trente mille wagons de coke qui, mis bout à bout, couvriraient la distance entre Londres et la Perse !

M. Frick causait tout à l'heure, sur un canapé, avec Rockefeller. Près d'eux se tenaient debout M. Lincoln et M. Marshall Field. C'était un assez joli bouquet de capitalistes ! Frick, court et trapu, ressemble au roi Edouard VII, avec ses gros yeux bleus et sa barbe grisonnante ; Lincoln, grand, barbe roussâtre en pointe, cheveux en désordre, l'air

« artiste » ; Marshall Field, mélange d'un Galliffet[3] qui aurait les cheveux longs et d'un Lockroy[4] caporalisé, mais rouge, nerveux, agité ; Rockefeller, en confesseur de Philippe II, et son fils, Eliacin de l'église baptiste, le dauphin du pétrole, se recueillant pour les trusts futurs, composaient un tableau précieux à transmettre aux descendants de ces preux. Que restera-t-il de ces fondateurs de dynastie, dans cent ans ? L'Américain n'a pas encore le sens de l'histoire. Il pense trop au présent. Il regrettera plus tard de n'être pas mieux documenté sur ces pionniers de sa richesse et de sa gloire. Car, chose curieuse, aujourd'hui ces héros des futures légendes n'excitent pas de fièvre autour d'eux. Est-ce affectation ? Est-ce indifférence ? Est-ce simple distraction ? On ne regarde pas exagérément ce Rockefeller, qui aurait presque pu payer de sa seule bourse nos cinq milliards d'indemnité à la Prusse ! Il va à présent, les mains dans les poches, saluer de vieilles dames à bonnet de dentelle blanche sans brides ; mais c'est à peine si elles font attention à lui. Et je suis sûrement le seul à remarquer ses grosses chaussures, sa chemise plate, son col droit, sa cravate blanche sous son smoking, et son fin sourire de vieux

3. Gaston de Galliffet (1830-1909), général qui se distingua par sa férocité dans la répression de la Commune de Paris et qui, ministre de la Guerre du gouvernement de Waldeck-Rousseau, demanda la révision du procès du capitaine Dreyfus. (N.d.É.)

4. Édouard Lockroy (1838-1913), homme politique longtemps fidèle à l'extrême-gauche et qui, ministre du Commerce et de l'Industrie, soutint activement l'édification très contestée de la Tour Eiffel. (N.d.É.)

Pierrot. Quand il me tourne le dos, je vois, derrière sa tête, complètement dénudée, de chaque côté de l'occiput, à l'ombre de ses oreilles très séparées du crâne, deux excroissances énormes, monstrueuses, dont je demande la signification aux phrénologues.

Une sauterie s'organise dans un petit salon. Rockefeller, dans l'embrasure de la porte, regarde la danse. Sans perdre mon homme de vue, je fais causer sur lui un de ses amis qui vient de le quitter. Et voici l'ordre de ses confidences :

« Rockefeller doit valoir aujourd'hui sept cent cinquante millions de dollars (quatre milliards trente-sept millions). La Standard Oil (trust du pétrole) lui rapporte à peu près vingt-cinq millions de dollars par an. *He is very able, very quick* (il est très habile, très rapide). C'est un homme d'habitudes régulières. Il ira se coucher tout à l'heure, à dix heures sonnant. Chaque année, le troisième jeudi de mai, il part de New York pour Cleveland, toujours par le même train. Il y demeure jusqu'en septembre, revient à New York, part pour Lakewood, puis vient par ici, dans l'Ouest.

» Très solide, très résistant, adorant le golf et tous les jeux de plein air où il se montre infatigable, il a très bon appétit, mange de tout, et boit du lait parce qu'il l'aime. Il ne s'intéresse pas du tout aux bâtisses, mais achète des quantités de terrains en droite ligne, d'un seul tenant. Il aime les vues, les sites. C'est un passionné de l'art des jardins, de l'arrangement des arbres, des pelouses, des parterres, des fleurs...

– On le dit avare ?

– Avare ? Il a donné trente millions à l'université de Chicago, entre autres. Mais il se refuse aux pourboires, parce qu'il ne trouve pas que ce soit juste. Il paye ce qu'il doit payer, et c'est tout. Il n'aime pas gâcher l'argent, mettant la même réflexion à une dépense de cent francs qu'à une dépense de dix millions. Il ne s'occupe presque plus d'affaires. Il a entraîné son fils, qui est très fin (*very keen*) et qui fera, lui aussi, un *businessman* de première classe.

– On le dit impitoyable en affaires ?

– Il est exact. Ce qui est dû est dû. Il suit son idée, la réalise par tous les moyens. S'il est devenu si riche, c'est un peu la faute des autres. En formant ses trusts, il a toujours offert de ses actions à ceux avec qui il traitait. Eux n'ont pas voulu, préférant de l'argent. Lui seul avait confiance. Il est payé… »

Dix heures sonnaient dans le grand hall. Je vis Rockefeller vérifier l'heure à sa montre, faire un signe à sa femme, et se diriger vers l'ascenseur.

***

Le lendemain, je pris un cocher pour aller visiter un ranch à Monte Cito. Chemin faisant, il me raconta qu'il avait conduit l'autre dimanche M. John Rockefeller en voiture à l'église, et ramené le soir. Il espérait pour sa journée un fort pourboire. Et son étonnement ne tarissait pas de n'avoir touché qu'*a quarter* (vingt-cinq cents : un franc vingt-cinq).

Quel joli pays cela fera plus tard ! quand les routes seront tracées, les villas construites parmi les fleurs bleues des sauges, les manguiers, les goyaviers, les fuchsias, les glycines, les mimosas, les araucarias où grimpent des géraniums, et d'autres arbres inconnus.

Un Français qui habite là et qui est en train de s'enrichir en achetant et en vendant des terrains, M. Dreyfus, me montre un petit musée qu'il a entrepris : pots de terre cuite, colliers de pierres rouges, jaunes, bleues, vases, flèches, et même un rein d'Indien, où le fer rouillé d'une flèche est encore inséré. On a découvert tout cela dans des fouilles.

Sur la plage immense, où viennent mourir les végétations luxuriantes, de jeunes Mexicains dressent pour les jeunes filles américaines de petits chevaux rapides et comme enragés de galop. Au-dessus de l'eau, des vols de canards qui s'abattent par groupe parmi les algues roses et lie-de-vin. On me dit que les pélicans fréquentent ces parages.

De l'autre côté de la plage, vers la ville, des enfants jouent, des ânes gris broutent les joncs. Contre de hauts rochers, comme ceux de Biarritz, la mer vient gémir.

***

De Santa Barbara à Monterey – situé dans une baie abritée et chaude –, c'est une succession de criques arrondies où les pentes des collines et les flots viennent mourir et se joindre. Ou bien des falaises abruptes qui ont laissé choir dans l'eau d'énormes blocs de rochers noirs. Des vaches paissent sur des plateaux. Vues du train, elles ont l'air de brouter la mer. Sur les voies travaillent des terrassiers chinois habillés à l'européenne, la queue de cheveux enroulée sous un chapeau de feutre. On côtoie sans fin l'océan Pacifique. Puis on traverse une petite Suisse aux monts raisonnables, aux vallées vertes peuplées de cochons noirs. Il n'y a pas de routes praticables, excepté sur le parcours du chemin de fer, dont les bicyclistes peuvent longer les abords. Tout le monde va à cheval. D'un village à un autre, on peut se risquer dans de petites voitures légères, aux roues très étroites de bois très dur, qui affrontent aisément les ornières.

SAN FRANCISCO

Sept mille kilomètres en chemin de fer. — San Francisco. — La montre du voyageur retarde de huit heures sur Paris. — La rade. — Le Presidio. — Le Cliff House. — Les phoques en liberté. — La Marseillaise *dans le Far West. — Pas d'ombrelles ni d'éventails. — La cuisine française. — On se retrouve ! — Mœurs plus libres. — Beauté des femmes. — Un boulevardier : le prince André Poniatowski. — Les clubs. — La colonie française. — Courte histoire de San Francisco. — Un chapeau de trois cent cinquante francs. — Un oignon de cinq francs. — Le trust des bouteilles vides. — Cinquante navires pourrissent dans la baie. — La folie de l'or. — On gagne plus qu'à voler. — Et l'on n'a pas si peur. — Accaparement des chats. — Les salons de jeu. — Les pépites et la poudre d'or sur les tables de jeu. — Blanchissage hors de prix. — Le notaire cireur de bottes. — Une poupée de mille six cents francs. — Une pépite de vingt mille francs trouvée par un Français. — On manque de femmes !*

Me voici enfin au point extrême de mon voyage. Depuis New York, j'ai parcouru, par la Nouvelle Orléans, six mille sept cent trente kilomètres en chemin de fer. À présent, je n'ai plus qu'à revenir.

Mais si vous n'avez jamais fait de longs voyages, vous doutez-vous de ce que c'est que six mille sept cent trente kilomètres ? Ma montre retarde de huit heures sur Paris. En arrivant ici cette nuit, à deux heures, dans la ville endormie, je pensais qu'il était dix heures du matin aux horloges pneumatiques ; je me suis représenté le mouvement des rues et du boulevard, et j'ai éprouvé comme la sensation d'avoir la tête en bas…

Je savais que San Francisco datait de cinquante ans, je voulus en avoir une impression vivante et d'ensemble.

Quelle pouvait bien être la physionomie d'une ville si jeune dans ce Far West romanesque et légendaire ? J'en fis le tour en un jour. Je vis la rade immense, entourée de montagnes, belle à la fois comme un grand lac suisse et comme nos golfes méridionaux ; le parc de la Porte d'Or, rempli d'arbres de toutes les essences, avec des prairies où paissent des buffles sauvages, les derniers, que l'on conserve précieusement en souvenir du temps où ils encombraient les voies de chemins de fer par troupeaux de vingt mille ; un Kindergarten où sont réunis tous les jeux d'enfants. Je parcourus les avenues du Presidio, réserve de l'État, domaine militaire qui abrite les forts de défense de la rade, avec leurs gros canons menaçants braqués sur toutes les passes et sur la pleine mer ; je traversai des rues droites pareilles à celles qu'on trouve dans l'Est, d'autres rues bâties sur des collines, montant et descendant à pic comme une succession de montagnes russes qu'escaladent et dégringolent avec agilité des tramways funiculaires. Les maisons me paraissent assez jolies, je parle des maisons de résidence, car celles de la ville commerçante sont toutes de colossales bâtisses à quinze et vingt étages. On me montra, en passant, l'hôtel de ville qui a coûté vingt millions à bâtir, on me conduisit au Cliff House, pour y voir les phoques. À cent ou deux cents mètres de la falaise, sur des rocs bas, plusieurs centaines de lions marins s'ébattent au soleil en poussant une sorte d'aboiement sauvage. Ils se traînent maladroitement sur les rochers, comme de grandes limaces visqueuses, se collent en tas les uns contre les autres en remuant leurs têtes dans un va-et-vient continuel, puis ils redescendent en boitant et plongent avec grâce dans l'écume. Des oiseaux voltigent autour d'eux dans la poussière d'eau, se posent sur le sommet des rocs, les considèrent et s'envolent.

À côté du Cliff House, un vieil aveugle jouait sur l'orgue de barbarie *La Marseillaise* ! Je fus, ma foi, ravi de cette coïncidence, et je revins sur mes pas pour faire au vieux mendiant une aumône compatriotique.

On me mena dans les restaurants français, chez Marchand d'abord, et au Poodle-Dog, où la cuisine française s'est conservée pure, comme en deux ou trois maisons de New York. Les cabinets particuliers abondent, avec un luxe de confortable inconnu ailleurs, même dans la mère patrie. Dans les États de l'Est, à New York par exemple, il n'y a pas de cabinets particuliers, car la pruderie de la loi les y interdit. Si vous désirez recevoir quelques amis dans l'intimité, on consent à vous donner une salle spéciale, mais dont la porte doit rester constamment grande ouverte – ce qui est, ne trouvez-vous pas ? d'un cocasse achevé. Les Espagnols et les Français ont apporté ici des mœurs plus libérales, au grand scandale des puritains qui leur préfèrent la mode hypocrite.

Les gens de l'Ouest paraissent plus affables, plus simples, plus liants, plus vifs aussi, que ceux du Nord et de l'Est. La différence est tout à fait sensible dans les rues, où les visages souriants ne sont pas rares, où l'on rencontre des flâneurs, catégorie inconnue de l'autre côté du pays.

Les femmes sont grandes, avec un teint magnifique de camélia rose ; beaucoup sont brunes. Fait assez original : dans ce pays de soleil, pas une ombrelle dans les rues, pas un éventail au théâtre. Hommes et femmes ont, en majorité, des types méridionaux où les Espagnols et les Français abondent, car la colonie française est assez nombreuse. On me dit qu'elle se compose de huit mille âmes. Comme San Francisco est peut-être la seule ville d'Amérique à la naissance de laquelle des Français encore vivants assistèrent, je vais pouvoir me documenter auprès d'eux.

J'ai trouvé, en effet, parmi eux des hommes charmants, en tête desquels je dois nommer le prince Poniatowski, bien connu des Parisiens. Le boulevardier intelligent est devenu ici un homme d'affaires avisé, et sa situation à San Francisco est tout à fait hors de pair. J'ai pu m'en rendre compte souvent durant les trois semaines de mon séjour. Il fait partie du conseil des premières banques de Californie, et il a créé lui-même, sur un point stratégique important de la Sierra Nevada, un petit chemin de fer d'une centaine de kilomètres qui représente aujourd'hui quelques indiscutables millions. De plus, il est allié à l'une des plus riches, sinon la plus riche famille de San Francisco, la famille Crocker, dont les millions de dollars ne se comptent plus. Il vit tranquillement, en sage cultivé, entre une femme charmante et d'adorables enfants, dans un château des environs, à Burlingame, situé au milieu d'une nature sauvage et fertile, parmi des précipices, d'où l'on voit la baie de San Francisco et l'océan Pacifique. Sort enviable ! Il m'explique qu'à l'endroit où s'élève aujourd'hui le Crocker Building – en plein centre des affaires –, il y avait, vers 1865, une montagne de sable que la mer venait battre. On retira le sable de la montagne et on le mit dans l'eau : la mer recula, et on fut débarrassé de la montagne. Le père Crocker, comme on l'appelle à San Francisco, se plaisait à raconter qu'il avait mis sept mois pour faire à pied le voyage de Kansas City, et qu'après avoir construit le chemin de fer, il fit le même trajet en sept jours.

Il me présenta au club Pacific Union, le plus riche de la cité, où il me montra les vieux pionniers qui la fondèrent, parmi lesquels M. Mill, septuagénaire, l'un des hommes les plus riches des États-Unis. C'est lui qui a créé à New York cet asile de nuit dont je vous ai parlé, les Mill's Motels, en disant : « Ce n'est pas de la philanthropie, c'est une bonne affaire, puisque mon argent me rapporte six pour cent. » L'élément jeune et vivant de la ville s'est réfugié au Bohemian Club, où je fus introduit par M. Edgar Peixotto, un jeune et déjà célèbre avocat, neveu du directeur de l'Équitable de Paris. J'ai rencontré là des Français qui tiennent des situations très en vue dans les affaires, MM. Raphaël et Sylvain Weill, M. Le Gallet et plusieurs autres dont j'ai, à mon grand regret, oublié les noms. Ils ont fondé plusieurs œuvres françaises en pleine prospérité, et, parmi elles, l'hôpital français, que j'irai visiter en détail.

Un de nos aimables confrères de San Francisco, directeur du premier journal français de la ville, M. Lusenchi, m'a communiqué un livre de M. Daniel Lévy, bien curieux et bien intéressant, sur l'histoire de la Californie et sur les premiers colons français qui y arrivèrent après la découverte de la première pépite d'or en 1848. C'est passionnant à lire comme un roman. D'autre part, le consul général de France, M. Dallemagne, m'a lu un récit de souvenirs du plus vieux résident français à San Francisco, le père Donais, qui fourmille de détails typiques. Je ne résiste pas au plaisir de vous les résumer.

En 1848, San Francisco était une bourgade de cinquante-sept maisons bâties en terre séchée et en bois, abritant à peu près huit cents habitants. Aujourd'hui, la ville en compte plus de quatre cent mille ! C'est un mormon du nom de Marshall qui découvrit, par hasard, le premier *placer* en desséchant le lit d'un ruisseau. Quand la nouvelle arriva avec le spécimen d'or, les maisons, les magasins, même les journaux fermèrent (car il y avait déjà deux journaux !) ; ouvriers, journalistes, typographes, commerçants se ruèrent avec des pioches vers le village de Colorna. Les alcades des communes voisines abandonnèrent l'administration, les garnisons désertèrent, emportant leurs baïonnettes pour creuser le lit des rivières. Les marins qui arrivaient dans les ports firent comme les soldats.

Depuis le 30 novembre 1849 jusqu'au 18 juin 1850 – c'est-à-dire en pleine fièvre –, trente-cinq navires français avaient amené deux mille cent passagers ; et depuis le mois d'août 1850 jusqu'au mois d'avril 1851, il était arrivé directement de France à San Francisco mille huit cent cinquante-cinq hommes et cent soixante et une femmes. Total : quatre mille cent seize individus des deux sexes, amenés par des navires à voiles. On ne compte pas dans ce chiffre les immigrants français venus par steamers, ni les quatre-vingt-onze bâtiments dont les équipages et les états-majors avaient déserté en débarquant à San Francisco. Cinquante-deux navires pourrissaient dans la baie.

Certains d'entre ceux qui, faute d'argent, ne pouvaient aller aux mines, trouvaient à s'employer comme domestiques à San Francisco moyennant cinq cents francs par mois, ou dans les fermes des environs pour vingt francs par jour.

Et comme on ne produisait plus rien, les objets de première nécessité montèrent à des prix insensés ;

l'argent lui-même devenant rare, on paya avec de la poudre d'or. Le boisseau de fèves coûtait cinquante francs ; un oignon, cinq francs. Les charretiers demandaient cent francs pour une course de trente kilomètres. Un chapeau de feutre se vendit soixante-dix dollars. (trois cent cinquante francs !) Des bouteilles vides valaient vingt-cinq francs. On y enfermait l'or en grains.

On assassinait tous les jours. Les troupes qu'envoyait le gouvernement fédéral pour rétablir l'ordre désertaient pour aller aux mines.

La Californie comptait à peine treize mille âmes en 1848. À la fin de 1849, la population s'élevait à cent mille. Et l'on bivouaquait sous la tente en attendant les maisons.

En 1852, on exporta pour deux cent trente millions d'or. San Francisco, à la fin de cette année 1852, avait trente-six mille habitants. La Californie entière en comptait trois cent vingt-six mille, dont deux cent quatre mille Américains, trente mille Allemands, vingt-huit mille Français, vingt mille Hispano-Américains, dix-sept mille Chinois, vingt mille Indiens et deux mille Nègres. Sur ces trois cent vingt-six mille individus, près du tiers étaient aux mines.

Les autres travaillaient à la construction des maisons et dans diverses industries. En 1853, on payait cinquante et soixante francs par jour les maçons, tailleurs de pierre, charpentiers de navire ; les menuisiers, les forgerons : quarante francs ; les ferblantiers, les chapeliers : trente-cinq francs ;

les tailleurs : vingt-cinq francs ; les cordonniers : cinq cents francs par mois.

On ne mangeait qu'au restaurant : un œuf frais valait cinq francs ; des pommes de terre grosses comme des noix coûtaient un franc vingt-cinq la pièce.

Les rats infestaient la ville, et il n'y avait pas de chats. Un Nègre eut l'idée d'aller à Los Angeles pour y faire le trust des chats vivants ; et vint les revendre de deux cent cinquante à cinq cents francs pièce. Il fit une fortune qu'il perdit au jeu.

Car on jouait énormément à San Francisco. Les saloons étaient abrités sous des hangars de planches grossièrement décorés qui ouvraient sur la rue. Pour enjeux, les prospecteurs apportaient des pépites qu'on pesait dans des balances ; et même il arrivait que des mineurs jetaient sur la table leur sacoche gonflée de poudre d'or ou leurs bouteilles, et perdaient là en une heure la fortune qu'ils avaient faite en un mois. Des femmes mexicaines, des Chiliennes, des Négresses, entouraient les tables et couvaient de l'œil les gagnants, ainsi que cela se passe encore en d'autres temples mieux administrés. Les Américains jouaient le pharaon, les Mexicains le monte, les Français la roulette, le lansquenet et le trente et quarante.

Beaucoup de fortunes eurent des origines presque incroyables.

Un avocat français arrivé en 1849 sans argent, ne sachant que faire, s'avise de ramasser dans la rue les chemises sales qu'on y jetait, car il coûtait plus cher de les blanchir que d'en faire venir de neuves. Le blanchissage d'une chemise se payait en effet deux dollars (dix francs). Il lave les chemises, les repasse tant bien que mal et les revend. Il gagne rapidement quelques milliers de dollars, installe ensuite une blanchisserie, achète des terrains, spécule et devient très riche.

Un autre homme de loi français débarque d'un bateau venu du Havre. Il n'avait pas encore mis le pied sur la grève qu'on venait lui offrir une once d'or par jour (quatre-vingt-dix francs) pour faire la cuisine. On disait : « Un Français sait toujours faire la cuisine. »

Les premiers typographes qui arrivèrent furent payés dix francs par mille lettres, travail qu'on payait à l'époque cinquante centimes à Paris et à Lyon. Ou bien ils exigeaient trois dollars cinquante par heure de présence (dix-sept francs cinquante), travaillant ou non. Tous ceux qui ne savaient que faire s'improvisaient typographes.

Un de nos compatriotes gagna, en cinq ans, plus de cent mille francs à ramasser de vieilles bouteilles et à les revendre dans les *placers*.

Un notaire qui avait quitté la France, pour des motifs connus de lui seul, se fit cireur de bottes. Il recueillit une vieille caisse à vin, se servit de brosses qu'il avait emportées avec lui, et s'installa au coin d'une rue, près des salons de jeu. Le premier mineur qu'il décrotta lui demanda ce qu'il devait ; il répondit : « Ce que vous voudrez » ; l'autre lui donna cinquante cents (deux francs cinquante). Ce fut le prix qu'il adopta. Il gagna rapidement d'assez fortes sommes. Mais il eut bientôt des imitateurs et des concurrents à meilleur marché. Pour les battre, il s'avisa de se faire fabriquer un couteau d'or avec lequel il grattait la boue des chaussures des mineurs. Sa clientèle augmenta et il put maintenir son prix.

Une jeune fille débarque de France avec une poupée qu'elle apportait pour offrir en cadeau. Le directeur de la douane, qui la voit dans sa malle, offre de la lui acheter pour sa propre fille ; elle refuse, mais il insiste tant qu'il finit par la lui arracher pour trois cent vingt dollars (mille six cents francs) !

Avant la découverte de l'or, il se trouvait déjà quelques Français en Californie. Mais d'autres séjournaient aussi au Mexique, au Chili, au Pérou, aux îles Sandwich et à Tahiti, qui, dès la grande nouvelle, accoururent. Le premier Français arrivé en droite ligne de France, dès 1848, fut M. Eugène Sabatié, qui avait pris place dans un chargement de farine.

Il faut vous dire qu'en ce temps-là, on mettait soixante-quinze jours de mer pour aller du Havre à New York et trente-cinq jours de New York à San Francisco par Colon, à dos de mules. Les voiliers naviguaient six mois pour venir directement à San Francisco par le détroit de Magellan.

D'après M. Daniel Lévy, le premier groupe important de Français, parti du Havre, arriva le 14 septembre 1849, à bord d'un petit voilier appelé *Meuse*. Ils étaient au nombre de trente-six à quarante. Non seulement nos compatriotes figuraient parmi les premiers arrivants d'Europe, mais ils formaient peut-être l'élément le plus important et le plus remarquable de cette immigration. Nulle part, en effet, les magnifiques trouvailles faites en Californie n'avaient produit une sensation aussi vive qu'en France et, particulièrement, qu'à Paris. Les uns partirent à leurs frais. D'autres se firent transporter par des compagnies organisées dans ce but. Un très grand nombre apportaient des capitaux et des marchandises.

San Francisco, qui au mois de février 1849 ne comptait encore qu'une douzaine de nos nationaux, généralement pauvres, vit, dans l'espace d'une année, s'ouvrir des maisons importantes fondées par nos entreprenants compatriotes. C'étaient des bureaux d'importation de liquides, des maisons de nouveautés, de banque, de coiffure. On y faisait payer deux dollars la coupe de cheveux et un dollar la barbe.

Deux ans après, la Californie renfermait vingt mille Français.

Les mineurs français envoyèrent à leurs familles, de 1850 à 1851, plus de quarante-quatre millions de francs, rien que par l'intermédiaire du consulat de France. D'autres sommes considérables étaient envoyées par d'autres voies. Vers la fin de l'année 1850, on exposa à San Francisco une pépite d'or, du poids de douze livres et valant près de quatre mille dollars. Elle avait été trouvée avec plusieurs autres dans les mines du Sud par trois Français qui, en quinze jours, purent réaliser chacun une petite fortune.

Mais on manquait de femmes, comme dans toute l'Amérique. Le maire de San Francisco écrivit à ce moment au gouvernement français qu'il serait heureux de voir venir de France de jeunes paysannes, afin de cimenter par des mariages mixtes l'union des deux grands éléments dont se composait la population californienne : les Américains et les Français. On comprendra mieux l'insistance du maire de San Francisco quand on saura que la Californie comptait à cette époque deux cent mille hommes et seulement quinze cents femmes !

SAN FRANCISCO
(SUITE)

Visite des établissements. — Le phonographe au tribunal. — Crachoirs partout. — Époux en divorce. — La femme tyrannisée qui mâche de la gomme. — Flegme des plaideurs. — Cas de divorce. — Le trésor municipal. — Le biceps du voyageur ne peut porter vingt mille dollars en or. — La bibliothèque. — Catalogue ingénieux. — Les écoles mixtes. — Chinois et Japonais. — Fausse alarme. — La discipline du sang-froid. — Le traitement des institutrices primaires en Californie. — Trente-trois clubs de femmes. — Le boycottage. — Un restaurateur qui sourit. — Le restaurateur ne sourit plus. — Un héros de la guerre de Chine. — M. Chamot. — Souvenirs splendides du pillage. — Mgr Favier a donc pillé ? — Le sceau impérial. — Mille six cent cinquante perles sur un bonnet. — Un tarif à lire. — Pauvres malades ! — Un consul général dans la misère !

J'ai visité le City Hall et les autres monuments de la ville, les écoles, la bibliothèque, la prison, les clubs, les universités, les *settlements* (œuvres charitables), etc. De la plupart, rien de particulier à retenir.

Au tribunal civil, est installé un ascenseur ; les juges n'ont pas à s'essouffler pour arriver à leurs sièges. Les débats des audiences y sont recueillis d'une façon assez originale et qui étonnera un peu la basoche française. Les sténographes prennent à tour de rôle les réquisitoires, dépositions, plaidoiries, jugements, etc., et, toutes les cinq ou dix minutes, s'en vont, l'un après l'autre, réciter leurs notes à un phonographe qui les répète ensuite devant un employé à la machine à écrire qui les enregistre alors définitivement.

Les jugements, les actes privés, tous les documents devant être conservés au tribunal sont reproduits sur des registres à la machine à écrire ; ces machines sont très compliquées, puisqu'il faut les adapter à tous les formats et à toutes les épaisseurs de registres ; mais elles fonctionnent admirablement. J'ai compté une vingtaine d'hommes et de femmes occupés à tapoter sur les touches des appareils, devant les gros registres officiels.

Je suis entré dans plusieurs chambres. Les planchers couverts d'un caoutchouc très épais éteignent complètement le bruit des pas. Dans tous les prétoires se trouvent un filtre à eau glacée et un verre à la disposition de tout le monde, et d'énormes crachoirs de cinquante centimètres carrés. Souvent on ne voit assis au tribunal qu'un seul juge, habillé comme vous et moi. Il écoute les avocats en veston qui lui parlent les deux mains dans les poches, sur le ton de la conversation, sans éclats de voix, sans déclamation ni emphase.

Dans l'une des chambres, on jugeait les divorces. J'ai assisté à un débat. La femme plaidait contre le mari. C'était une grande femme, mince, assez élégante et assez jolie ; assise en face de son époux, elle mâchait sans cesse de la gomme. On la questionnait sur ses doléances : elle répondait que son mari l'avait battue plusieurs fois, qu'il lui refusait souvent de l'argent et rentrait ivre chez lui à trois reprises. Elle disait tout cela froidement, en mâchonnant. Lui, un grand diable maigre, rose, blond, l'œil pas très bon, l'écoutait assis et, les mains dans les poches, il répondait de temps en temps du bout des lèvres, expliquant qu'elle l'avait exaspéré par sa mauvaise humeur, ses reproches et ses injures. La femme, alors, ripostait à peine, sans colère non plus, ne le regardant pas, comme s'il s'agissait de tout autre homme que lui. Les avocats essayaient naturellement de rejeter les torts de l'un sur l'autre. Ici, le juge ne parle pas, ou à peine ; ce sont les avocats qui interrogent les témoins. Le divorce fut prononcé contre le mari, comme il arrive les trois quarts du temps. Car en Amérique, paradis des femmes, elles ont toutes les prérogatives et toutes les faveurs : de deux affirmations contraires, d'un homme et d'une femme, le juge croira toujours celle de la femme. Le divorce s'obtient assez facilement en Californie, car alors que dans l'État de New York, par exemple, il n'existe qu'un seul cas de divorce, l'adultère, en Californie, la loi prévoit six cas, qui sont : 1° l'adultère ; 2° le refus de subsides de la part du mari ; 3° l'abandon de la femme pendant un an ; 4° l'ivrognerie habituelle de l'un des deux époux ; 5° la condamnation pour un crime ; 6° l'« extrême cruauté », y compris la « cruauté mentale », *mental cruelty*. On entend par « extrême cruauté » les coups et sévices, et par « cruauté mentale » – cas le plus souvent invoqué, car c'est le plus vague – les injures et le mépris.

***

On m'a montré, en passant, le trésor municipal, un énorme coffre-fort muni de toutes les mécaniques possibles, d'une horloge de sûreté avec fils électriques, etc., qui renfermait quinze millions en or. Les portes en étaient ouvertes, et j'ai pu voir, d'un œil sec, des piles infinies de pièces de vingt dollars. On m'a même fait soupeser une plaque de cuivre où reposaient cent mille francs en or. J'ai essayé de la mettre à bout de bras – en vain.

Le catalogue de la bibliothèque publique est très ingénieux, conçu d'après une méthode que j'avais déjà vu employer, d'ailleurs, dans d'autres villes américaines : ce sont des bandes de parchemin enroulées sur des bobines qu'on fait tourner avec une manivelle. Les noms des auteurs y sont inscrits par ordre alphabétique, avec l'indication du numéro des rayons où l'on peut les trouver. Il y a une bobine pour chaque lettre de l'alphabet. C'est d'une simplicité et d'une rapidité admirables. Quand je pense qu'il faut, en moyenne, une heure et demie pour obtenir un livre à la Bibliothèque nationale !

***

En Californie, les écoles primaires s'appellent des écoles de grammaire. Les garçons et les filles y sont mêlés. J'ai assisté aux leçons d'une matinée dans presque toutes les classes. Cela ressemble tout à fait aux écoles de chez nous. La seule différence à noter, c'est le sérieux des figures d'enfants. Aucune gaminerie dans les yeux. Les filles, la plupart jolies, semblent même plus sérieuses que les garçons. Quelques-unes, malgré leur jeune âge, ont des hanches et des poitrines presque formées ; une propreté absolue dans les vêtements : ce sont pourtant des enfants d'ouvriers. Je vis parmi eux deux grands garçons japonais habillés à l'européenne. Mais on ne reçoit pas les Chinois, sous le prétexte qu'ils ne s'habillent pas comme tout le monde.

Ce qui m'a le plus frappé dans l'enseignement, c'est l'importance extrême donnée aux moindres faits de l'histoire, cependant si simple et si courte, des États-Unis. Des noms de généraux complètement inconnus, des dates d'événements médiocres s'enflent dans les livres et dans la bouche des maîtresses, comme les noms de César, d'Attila ou de Napoléon, et comme la date de l'avènement de Cromwell ou celle de la Révolution française. J'ai senti là des efforts passionnés pour créer dans cette population si mélangée et si neuve un sentiment patriotique qui n'aura certes pas grand'peine à se former.

J'ai demandé à la directrice si elle n'avait jamais perçu le moindre inconvénient à la coéducation des sexes. Elle parut surprise de ma question, comme si même elle n'y avait jamais pensé. Et en effet, à regarder attentivement garçons et filles, on se prend à s'étonner soi-même de ces craintes.

Mais quel souci de dresser les enfants au calme, à la présence d'esprit et à la discipline ! La directrice me dit :

« Je vais donner le signal d'alarme en cas d'incendie, et vous verrez comment l'école se videra, et en combien de temps. »

Nous nous trouvions dans l'escalier. Elle siffla longuement dans un sifflet à roulette. Quelques secondes après, un garçon sortit d'une classe, vint se placer à côté d'elle sans dire un mot. Il était là, à sa disposition, pour courir où elle lui dirait d'aller, transmettre, au besoin, ses ordres. En même temps, d'autres garçons, cinq ou six, désignés d'avance pour cela, ouvraient toutes les fenêtres des classes, regardaient dans la rue, essayaient, en se penchant, de voir où était le feu, grimpaient les escaliers, cherchant le foyer de l'incendie. Et simultanément, de tous les étages, les élèves, précédés des maîtresses, évacuaient les chambres au pas, descendaient les escaliers dans le plus grand ordre, arrivaient dans la rue et allaient se poster sur le trottoir d'en face, toujours au pas. Puis, sur un signe de la directrice, tous rentraient dans l'école, au son du tambour. Le tout avait duré moins de cinq minutes.

« Et, comme personne ne sait s'il y a le feu vraiment ou non, en cas d'incendie réel les choses se passeraient exactement de même », me dit la directrice.

J'ai noté les prix des traitements des institutrices – car ce sont des femmes qui tiennent ces écoles, les hommes se refusant à enseigner pour si peu. La directrice touche cent cinquante dollars par mois (sept cent cinquante francs). Les sous-maîtresses débutent à soixante dollars (trois cents francs) ; elles arrivent rapidement à soixante-quinze et quatre-vingts dollars (quatre cents francs). Dans les écoles maternelles elles sont les plus payées : quatre cents dollars (deux mille francs) comme traitement mensuel de début.

***

On compte, à San Francisco, trente-trois clubs de femmes !

Tous les clubs féminins de l'État sont fédérés. Leur action est réelle et efficace. Ce sont eux qui obtinrent du Parlement, entre autres réformes, que les enfants criminels fussent jugés à part, et relégués dans des familles sous le contrôle de fonctionnaires spéciaux. Les clubs de Californie avaient envoyé des déléguées à Sacramento pour plaider en faveur de cette réforme.

***

J'ai vu de mes yeux ce qu'est le boycottage.

Je passais un soir dans Market Street, la principale rue de la ville. Devant un restaurant, à l'enseigne du Restaurant Puritain, un homme-sandwich allait et venait en prononçant tout haut les paroles inscrites en grosses lettres sur ses deux affiches : « Travailleurs, n'allez pas au Restaurant Puritain, c'est l'ennemi des *unions* ouvrières !... » Le restaurateur se tenait sur le pas de sa porte, en souriant d'un air gêné. Il paraissait très ennuyé, et il devait l'être, en effet, car sa clientèle semblait mince. Les deux hommes se regardaient avec malveillance. Je m'informai de la raison de ce boycottage. On me dit que le patron employait sans doute des aides de cuisine au-dessous du tarif fixé par les syndicats, et qu'il faisait travailler en dehors des heures convenues. Alors l'*union* avait délégué un de ses membres, l'homme-sandwich, pour avertir les unionistes et les empêcher de donner leur clientèle à cet ennemi. Or, ici, presque tous les ouvriers font partie des *unions*. Une telle interdiction produit des effets réels...

Pendant plusieurs jours, je revis l'homme-sandwich à sa faction. En rentrant le soir, à minuit, il s'y trouvait encore, lui ou un suppléant. Le restaurant se vidait. Le restaurateur ne souriait plus. Un beau jour, l'homme-sandwich avait disparu : le patron vaincu avait souscrit aux tarifs des syndicats.

***

J'ai rencontré ici un homme bien curieux et bien sympathique : c'est l'ancien propriétaire de l'hôtel de Paris, à Pékin, qui fit tant parler de lui pendant la dernière guerre de Chine et grâce à qui les

Européens assiégés purent se nourrir et se défendre pendant si longtemps. Il s'appelle M. Chamot. Quand on le met sur son sujet favori, il ne se fait pas prier et vous raconte des choses palpitantes d'intérêt, qu'il ferait bien d'écrire.

Il est marié à une charmante femme américaine, jolie et distinguée, qui fit là-bas, à ses côtés, des prodiges d'adresse au revolver et au fusil d'ordonnance ! Quand elle tirait, elle ne manquait jamais son Chinois, pas plus que son mari d'ailleurs, Suisse d'origine et lauréat, comme sa femme, du Grand Concours fédéral.

J'ai visité ces aimables gens si hospitaliers à tous les Français de passage à San Francisco. M. Chamot vit de ses rentes et fait bâtir. La famille de sa femme est elle-même très riche, et lui, pour avoir eu son hôtel et sa fabrique de porcelaines bombardés, a touché de belles indemnités des différents gouvernements, sans compter les spéculations heureuses qu'il a pu faire pendant le séjour des troupes alliées.

Mais il a rapporté, de plus, quelques souvenirs assez coquets des palais impériaux. Il m'a montré son petit « musée du pillage » qui n'est pas sans intérêt. Des coupes d'agate, des colliers d'ambre, des bracelets de jade, un sceptre d'or, un magnifique vase de cristal de roche ; le général Frey lui a donné, en souvenir et en récompense de ses services, des vases d'ambre de toute beauté ; de Mgr Favier il a un brûle-parfum d'un travail inouï et d'un poids colossal. Il a aussi des coffres, des timbres de cuivre, des bouddhas, des éventails ornés de rubis et de vieilles peintures hollandaises du XVIIIe siècle venues à Pékin on ne sait comment, une armure du fameux prince Li, avec son casque et son porte-flèches damasquinés.

Mais ses deux morceaux principaux sont le sceau impérial et la coiffure de l'Impératrice. Le sceau est un bloc d'or jaune de dix kilogrammes, vraiment peu commode à manier. M. Chamot l'a acheté à Mgr Favier. Ce cachet représente donc une trentaine de mille francs de métal. Mais l'acquéreur a fait une bonne affaire ! Quant à la coiffure de l'Impératrice mère, c'est une sorte de *kakoschnick* comme en portent les femmes russes, un haut bonnet pointu dont la trame est tout en cheveux tressés, et dont les ornements sont de pierres précieuses, de plumes d'oiseaux-mouches et de colibris, de chimères et de dragons de soies multicolores incrustés de rubis de jade, d'ambre et de perles. M. Chamot et sa femme ont compté les perles du bonnet : il y en a mille six cent cinquante !

Il a l'intention de l'offrir au Louvre. C'est d'un bon cœur.

***

J'ai donné plus haut un aperçu des prix fantastiques payés il y a cinquante ans aux ouvriers les plus ordinaires de l'industrie. Aujourd'hui, ces prix ont un peu baissé : les maçons-poseurs de briques ne gagnent plus guère que de vingt-cinq à trente-cinq francs par jour ; les manœuvres, quinze francs ; les plombiers et les charpentiers, vingt-huit francs ; les conducteurs de tramways, quinze francs par jour ; les sergents de ville, cinq cents francs par mois. Et le reste à l'avenant. Mais une autre catégorie de praticiens a maintenu des prix bien faits pour étonner les malades d'Europe : ce sont les médecins.

Lisez ce tarif :

La première visite d'un médecin à un malade se paye cinquante francs ; les autres, vingt-cinq francs ; la nuit, c'est toujours cinquante francs. Un certificat quelconque de médecin, cent francs ; vérification de la mort, deux cent cinquante francs. Si la visite a trait à une question légale, deux mille cinq cents francs ; opération à la tête et point de suture, etc., sept cent cinquantefrancs ; fracture ou luxation d'un os, deux mille cinq cents francs ; ligatures d'artères, deux mille cinq cents francs ; opération d'une tumeur, d'un œil, trépan, hernie étranglée, fistule, deux mille cinq centsfrancs ; coup de bistouri dans un abcès, deux cent cinquantefrancs ; point de suture à une plaie récente, deux cent cinquante francs ; réduction d'une petite fracture ou d'une luxation des doigts, deux cent cinquante francs ; enlèvement d'un corps étranger dans l'oreille, cent cinquante francs, etc.

Ces prix sont fixés par le syndicat des médecins de San Francisco. Je les ai copiés dans un recueil officiel de la corporation, le dernier paru.

***

Un petit fait bien significatif qu'on cite à San Francisco :

Le consul général français n'a pas le téléphone !

Mais il se plaint du traitement que la France lui sert, et il se lamente sur les prix exorbitants de tout ce qui est nécessaire à la vie. J'écris sur mon carnet les chiffres et les faits que voici :

Impossible d'acheter moins de dix sous de lait.

Les œufs coûtent de trois francs à trois francs cinquante la douzaine.

Le beurre de table, trois francs soixante-quinze la livre.

Un domestique demande au minimum trente-cinq dollars par mois (cent quatre-vingts francs). Certains vont jusqu'à quarante et cinquante dollars. Ils exigent absolument un tapis dans leur chambre, acceptent difficilement une natte.

Le gaz coûte deux dollars cinquante (douze francs cinquante) les mille pieds cubes (un peu moins de quatre mètres cubes). En France, nous payons le gaz quatre sous le mètre cube[5].

Un abonnement à l'eau coûte cinq dollars par mois (vingt-cinq francs).

Pour poser un tuyau de poêle, trois dollars cinquante : dix-sept francs cinquante.

Coupe de cheveux : deux francs cinquante.

Raser : un franc vingt-cinq.

Cirer les bottines : cinquante centimes.

5. Il y a là un fait tout à fait particulier à l'Ouest américain qui est jusqu'à présent complètement dépourvu de charbon, et qui en reçoit d'Angleterre, sur des bateaux français. (N.d.A.)

Une chambre meublée très ordinaire : minimum quatre cent quatre-vingts francs.

Au total, la vie coûte le double qu'à Chicago, par exemple.

Avis aux amateurs !

SAN FRANCISCO
UN CLUB D'ENFANTS

Le Boy's Club. — Enfants de douze à seize ans. — Une famille de braves gens. — Les Peixotto. — Élection du club. — Discours d'un président et d'un secrétaire de quatorze ans. — Une charmante soirée. — Ce qu'on fait au club. — Plus de petits vagabonds. — Excursions d'été. — La vallée du Yosémite. — On couche à la belle étoile. — Six semaines d'exploration. — Les sports des petits pauvres. — Le journal du club. — Réclames pratiques. — Jeux d'enfants.

Le plus jeune fabricant des États-Unis, Raymond Davis, à onze ans, gagne deux cent cinquante francs par mois.

J'ai passé une soirée comme invité dans un club d'enfants, le Boy's Club. Parfaitement ! Les plus jeunes membres ont douze ans ; les plus grands, seize. Je n'avais pas idée qu'une telle institution fût sérieuse et durable, et je ne suis pas encore revenu, d'ailleurs, de mon étonnement.

Le président de ce club, celui qui l'a créé il y a six ans et qui le fait vivre, est M. Peixotto, un homme d'une quarantaine d'années, au vaste front, aux cheveux blonds frisés, à la figure jeune, aux traits doux d'apôtre, qui consacre exclusivement sa vie à son œuvre. Il a, en effet, quitté ses propres affaires, mis de côté toute ambition et tous rêves d'avenir. Et il est sans fortune !

Voilà ceux qui sauveront l'Amérique des dangers d'un réalisme trop étroit – des êtres comme celui-ci, qui ne pullulent certes pas, mais qui ne sont pas si rares qu'on pourrait le craindre, qui n'ont souci des intérêts vulgaires, qui mettent tout le bonheur de leur vie dans le dévouement à leurs semblables.

La sœur de M. Peixotto m'avait conduit à lui, miss Jessie Peixotto, l'Américaine la plus intelligente, je crois, que j'aie rencontrée aux États-Unis. C'est une jeune fille jolie, élégante, avec toute la grâce et le charme de son sexe, et qui sans quitter le sourire charmant de ses yeux bleus et de sa bouche spirituelle, mène, elle aussi, une vie d'apostolat. Non seulement elle fait partie de toutes les œuvres féminines de San Francisco, mais encore elle est en relation avec toutes les organisations philanthropiques du pays, en connaît le fonctionnement et s'intéresse à leur prospérité. Pourvue de tous les titres universitaires possibles, elle continue à suivre certains cours pour y apprendre des choses qu'elle ignore, mais qu'elle croit utile d'enseigner aux femmes et aux enfants des ouvriers ! Où verrions-nous cela, en France ?

En son aimable compagnie je visitai les œuvres d'éducation et les œuvres charitables de la ville. Nous allâmes un soir au Boy's Club. C'était une modeste maison dans un quartier ouvrier. Il n'y avait pas de tapis, et il n'y faisait pas exagérément clair. Mais dès le seuil, on se trouvait dans une chaude atmosphère, vivace, animée, cordiale. Des enfants d'ouvriers, l'œil éveillé, l'air heureux, de manières polies, passaient en riant dans les couloirs, grimpaient et descendaient lestement les escaliers.

Il y avait justement, ce soir-là, séance d'élection pour le renouvellement du bureau. Une trentaine de jeunes garçons vinrent s'asseoir sur les gradins d'une petite salle. L'ancien bureau se tenait au bas des gradins, devant une table. Chacun écrivit sur des bouts de papier les noms de ses candidats. On dépouilla tout haut le scrutin ; et les noms du président, du secrétaire et du trésorier furent proclamés.

Le nouveau président (il avait bien quatorze ans), qui jusqu'alors mâchonnait de la gomme, se leva, mit sa main gauche dans sa poche, appuya l'autre sur la table, et, l'œil franchement ouvert sur son public, remercia ses camarades de l'avoir élu, les assura qu'il ferait tout son possible pour mériter leur confiance et poussa trois *hourras* pour le club. Puis il reprit, quelque part, sa gomme un instant abandonnée et se remit à mastiquer.

Le drapeau du club fut apporté, on l'agita plusieurs fois de droite à gauche aux cris de tous les membres, comme on fait dans les universités pour acclamer les couleurs de l'école. Puis, le secrétaire se leva à son tour, remercia à peu près dans les mêmes termes que le président, promettant, en plus, qu'il tiendrait bien soigneusement le livre des séances du club.

Tout cela eut lieu le plus sérieusement et le plus simplement du monde. Les élus se levaient et parlaient sans aucune sorte de gêne. Leurs camarades les écoutaient d'un air d'approbation. Les membres de l'ancien bureau, qui venaient d'être battus, n'en montraient aucun dépit et applaudissaient comme les autres.

Ce qui m'étonnait le plus, c'était le sérieux naturel de ces « gosses » ; c'était aussi l'absence absolue de toute moquerie, de toute ironie même lointaine. Ils disaient : « *Mister president* » avec la même gravité qu'au Congrès de Washington. Quand les voix s'élevaient, le président frappait la table avec un petit marteau, et le silence se faisait aussitôt.

Je me disais, en les regardant, qu'en France les enfants de cet âge se seraient moqués les uns des autres ; je devinais l'air embarrassé et rougissant des élus qui n'auraient jamais pu ni même osé parler. Je ne dis rien des grandes personnes, qui eussent été les premières sans doute à en sourire et à en plaisanter.

Pendant ce temps, M. Peixotto, assis sur un gradin parmi les enfants, les couvait d'un œil paterne et heureux, n'intervenant jamais, les laissant libres de diriger leurs opérations à leur guise. Il applaudissait avec eux, criait avec eux, comme un grand camarade.

Puis il y eut un petit concert. L'un des membres se mit au piano, joua un morceau ; le président chanta un air avec une jolie voix de soprano, sentimentale et nuancée, sans aucune affectation ni gène, les mains derrière le dos ; d'autres chantèrent aussi avec des voix d'enfants qui commençaient à muer, d'autres récitèrent des histoires, et on leur faisait fête.

Enfin, on joua une petite pièce comique, de leur composition, dont ils avaient écrit seulement le scénario. Les personnages improvisaient leurs rôles chacun à sa façon. Affublés d'étoffes impossibles et de chapeaux usés où l'intrigue voulait qu'on versât de l'eau, pour faire rire, ils remplirent parfaitement leur programme. C'était puéril et gentil. M. Peixotto avait son rôle. Il ne jouait ni plus mal, ni mieux qu'eux, avec une conviction, un sérieux égaux aux leurs.

Et, comme il était dix heures et demie, chacun s'en alla se coucher. Mais, avant de partir, les membres du club vinrent serrer la main de M. Peixotto, d'un air si cordial, si affectueux, si filial, qu'on s'en sentait tout attendri.

On me fit ensuite visiter les différentes chambres du club, et on m'en expliqua le fonctionnement.

Le club est ouvert à tous les enfants du quartier présentés par leurs parents. Mais, comme la maison serait trop petite pour les recevoir tous le même jour, M. Peixotto a créé plusieurs clubs et y a réparti les enfants. De sorte que chaque club dispose d'un jour, ou plutôt d'une soirée. Ils arborent un nom différent et leur autonomie est parfaite. Le dimanche, tous les clubistes peuvent venir. Ils se répandent alors dans les différentes chambres de la maison, la bibliothèque, la salle de jeux (échecs, dominos, dames, etc.), le gymnase pourvu d'une salle de douches. M. Peixotto ou l'un de ses amis leur raconte des histoires de voyages ou des anecdotes drôles. Aux plus grands, on fait un cours d'économie politique et d'histoire contemporaine. Des conférenciers bénévoles leur enseignent les différentes constitutions du monde civilisé et les interrogent. Comme ils doivent avoir lu les journaux de la semaine, ils disent ce qui s'est passé dans le pays qui fait le sujet de la leçon en cours. Ainsi, ils apprennent à s'intéresser aux choses de la politique générale et à les connaître.

Ils ont une fanfare ! Ceux qui savent un peu de musique apprennent à jouer d'un instrument de cuivre et, de temps en temps, ils donnent une audition à leurs invités. Ces jours-là sont jours de grande fête. On en profite pour organiser des concerts plus sérieux, avec Schumann, Schubert, Rubinstein, au programme. Ils chantent aussi des chœurs et vont les faire entendre dans des tournées à travers l'État de Californie.

L'été, M. Peixotto les emmène en excursion dans la célèbre vallée du Yosémite, qui se trouve à quarante-huit heures de San Francisco, dans la Sierra Nevada. C'est une contrée réputée dans toute l'Amérique par l'excessivité de sa végétation et le pittoresque de sa nature : une Suisse tropicale plus énorme et plus variée que la nôtre, où les cascades et les gorges sauvages abondent. Leur grand ami les emmène là avec des chariots remplis de provisions et de tentes, et ils campent à la dure pendant six semaines d'été, visitant tout. Ils y voient les plus vieux et les plus grands arbres du monde, le séquoia, qui a vingt-neuf mètres de circonférence, neuf mètres quarante de diamètre et quatre-vingt-deux mètres de hauteur. Sa branche principale, disent les guides, est à soixante mètres du sol, et elle a une épaisseur de deux mètres. On passe en voiture sous un tunnel de huit mètres de haut et de trois mètres de large percé dans le tronc de l'un de ces arbres.

On pense si leur joie est grande de ces promenades ! M. Peixotto profite de ces six semaines pour leur enseigner tout ce qu'il peut sur la faune et la flore du pays. Ceux qui apprennent un métier trouvent le moyen d'utiliser leur savoir-faire.

Car il y a aussi, au club, des cours manuels. L'espace est si restreint qu'on ne peut y installer de grands ateliers. Mais, dans de petites chambres, à force d'ingéniosité, M. Peixotto réussit à créer des cours de vannerie, de dessin industriel, de brosserie, d'ouvrages au canif sur du bois léger, d'imprimerie même. Des gens de bonne volonté viennent y enseigner, ou bien d'anciens membres du club entrés dans l'industrie. Les enfants qui vont encore à l'école arrivent au club à la sortie des classes ; ceux qui travaillent déjà n'y arrivent que dans la soirée.

Le sport non plus n'est pas négligé.

Outre la salle de gymnastique que renferme le club et à laquelle un instructeur est attaché, le club prend part à des matches de football, de base-ball, de courses à pied, de saut, contre d'autres équipes ; les exercices ont lieu le samedi après-midi. On se rend sur le champ du match aux sons de la fanfare, et on y défend ardemment le drapeau du club.

Ce n'est pas tout.

Le club a sa revue : les *Heures enfantines* (*Boy's Hour*), rédigée et imprimée par M. Peixotto et par les élèves qui désignent eux-mêmes le conseil de rédaction.

C'est une brochure d'une vingtaine de pages in-4°, qui a même des annonces. L'une d'elles dit ceci : « Garçons, n'achetez plus vos bonbons que chez X. Ils sont faits par une femme, fabriqués de pure crème et de sucre naturel, et vous pouvez en manger autant que vous voulez, sans être malades ! »

La revue contient des récits d'aventures et de voyages brefs et vivants ; elle dit ce que font les enfants chez eux, dans les magasins, les bureaux, les écoles ; elle cite ceux qui arrivent à la renommée par une action extraordinaire ou quelque talent particulier ; elle publie des comptes rendus des séances de football et autres sports ; elle parle des jeux nouveaux, enseigne comment il faut les jouer, raconte des plaisanteries, reproduit des images amusantes, et mille autres choses semblables.

Le conseil de rédaction invite les enfants à envoyer des lettres sur leurs excursions et leurs expériences personnelles. Il est recommandé de n'écrire que des lettres courtes et d'aborder tout de suite le sujet.

Excellente école de journalisme !

On les convie aussi à poser des questions auxquelles on leur promet de répondre du mieux possible.

J'ai lu en entier un numéro du *Boy's Hour*. Je voudrais vous le résumer brièvement pour vous montrer comment écrivent les jeunes Américains, ce qui frappe le plus leur esprit et ce qui les amuse davantage.

Dans un article sur le base-ball, j'apprends que San Francisco possède actuellement plus de soixante-dix équipes de base-ball ! Le rédacteur ajoute :

« Ce jeu, en quelques minutes, permet de gagner bon appétit. Mais, avant tout, c'est le sport masculin par excellence. Il vous apprend à devenir vif et développe la promptitude et la rapidité de l'esprit. Certains joueurs sont devenus si adroits à ce jeu qu'ils en ont fait leur métier. Joe Corbett, le phénoménal lanceur de balles, reçoit un dollar par chaque balle qu'il lance. »

Dans un chapitre sur les « Choses difficiles à faire », je lis :

« Vous ne pouvez demeurer cinq minutes immobile, si vous avez les yeux bandés.

« Vous ne pouvez vous tenir debout contre le mur d'une chambre, les deux pieds touchant le lambris de toute leur longueur.

« Vous ne pouvez écraser un œuf de poule en le serrant de toutes vos forces, quand il est placé entre vos mains dans le sens de la longueur.

« Vous ne pouvez vous lever d'une chaise sans pencher le corps en avant ou sans mettre vos pieds dessous. À la condition, naturellement, d'être assis d'aplomb sur la chaise, et non pas sur le bord.

« Vous ne pouvez rompre une allumette de bois ordinaire, placée sur l'ongle du médius, en appuyant sur ses extrémités avec les deux doigts voisins, bien que cela paraisse facile à première vue. »

La revue donne ensuite, comme modèle à suivre, l'initiative de trois jeunes membres du club.

Le premier est un jeune gamin de treize ans qui, depuis quatre ans et demi, fait partie du Boy's Club, et qui occupe maintenant le rang de « sergent en second ». Il déclare qu'il aime les exercices plus que tout le reste. Il possède une sorte de génie de la mécanique et a construit déjà plusieurs machines et moteurs qui fonctionnent dans la perfection. C'est un des plus vieux choristes du chœur des jeunes garçons. Il s'intéresse à la musique. Son ambition en fera probablement un musicien.

Le second est un jeune garçon imprimeur, Walter Downing, âgé de treize ans, qui va encore à l'école et qui s'occupe déjà personnellement d'affaires d'imprimerie. Il possède en propre une presse de six sur neuf, et plusieurs manufactures et maisons de commerce lui commandent des cartes de visite, des imprimés et même des petites affiches. Tout son travail est fait en dehors des heures de classe.

Le troisième est un jeune fabricant, Raymond Davis, de Portland. C'est probablement, dit le rédacteur, le plus jeune fabricant des États-Unis. Il a juste onze ans et s'occupe d'affaires qui, certains mois, lui rapportent cinquante dollars (deux cent cinquante francs). Il fabrique une espèce de poudre odorante qu'il vend à ses camarades de classe et aux gens de son voisinage. « Ce produit doit avoir quelque mérite, car ces personnes en achètent de plus en plus. »

Et ainsi du reste !

J'oublie sans doute bien des détails sur l'organisation de cette œuvre enfantine. Ce que je tiens à répéter, c'est qu'une œuvre comme celle-là, sa création, son existence et sa durée sont dues entièrement à l'initiative d'un seul homme.

Un jour qu'il voyait, en passant, des enfants se battre dans la rue, il se dit qu'il vaudrait mieux les faire entrer dans une maison où on leur enseignerait à se respecter et à se solidariser, pour en faire plus tard des hommes dignes et respectables. Une vieille dame riche, à qui il parla de son projet, lui donna une maison qu'elle possédait entre autres. Il alla voir chez eux les parents des enfants de son quartier, qui d'abord le renvoyèrent sans politesse ; mais l'apôtre ne se rebuta pas : il revint ; peu à peu, les parents cédèrent, et à présent la maison devient trop petite.

Et c'est ainsi qu'en Amérique on fonde les œuvres sociales.

SAN FRANCISCO
QUELQUES INSTITUTIONS

Universités californiennes. — Berkeley. — Chapeaux historiques. — Déchirures glorieuses. — Stanford. — Une université riche de cent cinquante millions. — Ostentation des donateurs. — Un musée ridicule. — La première bavette et la dernière pipe. — Les settlements. *— Le Club des Mères. — Œuvres intelligentes et utiles. — Écoles d'orateurs populaires. — Charité pratique. — Le trust de la bienfaisance. — L'élément français à San Francisco. — Sociétés charitables. — Hôpital modèle. — Un budget idéal.*

Il y a deux universités célèbres dans le Far West : Berkeley, université d'État, et Stanford, université privée.

Berkeley est bâtie au milieu d'un site charmant, au pied d'une colline, parmi des pelouses et des allées plantées de chênes centenaires, en face de la baie de San Francisco, avec une vue splendide de la Porte d'Or qui ouvre sur l'infini de l'océan Pacifique. Au soleil couchant, on ne peut rien rêver de plus magnifique. À part cette situation probablement unique au monde, l'université de Berkeley ressemble, pour un profane comme moi, à toutes celles qu'on voit aux États-Unis ; les bâtiments, les classes sont les mêmes. Il y a ici, pourtant, une différence : jeunes gens et jeunes filles sont mêlés. De plus, les modes extérieures varient un peu… Les chapeaux de feutre mou sont noirs pour les seniors et gris pour les juniors. Les plus vieux, les plus sordides, passent pour les plus chics. On en rencontre avec des peintures abracadabrantes. Mais plus ils ont de trous, de déchirures, de taches, de bosses, plus ils s'en vont en loques, plus glorieux ils sont. J'en ai vu de plus cabossés, de plus fripés, de plus piétinés que ceux du Capitaine Fracasse, et les feutres des cadets de Gascogne au siège d'Arras reluisent d'ostentation à côté d'eux. Leurs coutures, leurs balafres ont, paraît-il, une histoire. Et il faut voir l'air de fausse simplicité, d'orgueilleuse indifférence, qu'arborent les étudiants sous ces coiffures d'émeute ! Gentille et puérile réaction de l'Ouest indépendant contre la correction un peu gourmée de l'Est puritain.

À part cela, ce que j'ai retenu de plus typique de ma visite à Berkeley, c'est un amphithéâtre naturel où se donnent des représentations et des conférences. Figurez-vous un vaste cirque en entonnoir, entouré de pins. Sur son flanc circulaire disposé en escaliers, l'architecte n'a eu presque rien à faire pour installer des gradins. La voix porte comme sous une cloche de verre. Quand j'y suis passé, des ouvriers se hâtaient de bâtir une scène où M. Roosevelt en tournée a dû, depuis, faire son discours.

Vous avez entendu parler de Berkeley. C'est à cette

université qu'une richissime dame américaine, Mme Hearst, mère du directeur du *New York Journal*, a donné cinq cent mille francs destinés aux seuls frais d'un concours architectural pour l'achèvement de l'université. J'ai vu les différents projets soumis au jury. Le plus original, le plus ingénieux, le plus artiste, était sans contredit celui d'un jeune architecte français, débordant d'idées et de talent, installé à Boston, M. Despradelles, élève de l'école des Beaux-Arts, très estimé à Paris de tous ses confrères. Mais c'était trop joli.

***

L'autre université, libre celle-là, fut créée par la veuve d'un financier qui avait, paraît-il, à se faire pardonner une fortune colossale, trop facilement acquise, M. Stanford. L'université Stanford est dotée d'un capital de cent cinquante millions de francs, et ses propriétés ont une superficie de trois mille trois cent soixante hectares, huit fois celle du bois de Boulogne ! Elle est dédiée à la mémoire du jeune Stanford, mort prématurément. Les immenses bâtiments aux murs de grès rouge, aux toits de tuiles rouges, les cours, les frontons des portes, tout a subi l'empreinte et le souvenir des « modestes fondateurs ». On n'a jamais vu cela nulle part au monde. Il existe, entre autres, un arc de triomphe avec une Mme Stanford à cheval sur la frise, de toute beauté ! Il y a aussi, au milieu d'une cour pavée d'une affreuse mosaïque, un socle immense surmonté de toute la famille Stanford, Monsieur, Madame et Bébé, en bronze, d'une naïveté, d'une inconscience, d'un manque de goût idéaux !

Une église tout entière est dédiée à la mémoire du père, avec des vitraux qu'il faut voir, ainsi qu'un musée spécial des souvenirs du jeune Stanford. Ce musée, tout en marbre, a de massives portes de bronze. De chaque côté du péristyle de marbre, où s'érige un fronton grec, s'élèvent deux statues de marbre de Florence. On peut y admirer sa première montre, ses habits d'enfant, sa première bavette, ses guêtres, ses jouets, fouets, canons, chevaux, locomotives, boggies, cars ; puis les fleurs qu'il eut sur sa table pendant sa maladie, et ses livres, ses dessins, des oiseaux empaillés qu'il tua lui-même, des glanes quelconques de ses voyages en Europe, que sais-je encore ?

Certes, je trouve très respectable ce sentiment d'une mère qui lui fait conserver jusqu'aux moindres reliques de l'enfant unique qu'elle aima. Mais elle les enfermerait chez elle que son culte ne perdrait rien de sa tendresse. Mme Stanford, au contraire, étale son reliquaire aux yeux indifférents des badauds. À quoi cela correspond-il ? Veut-elle nous imposer seulement sa religion pour Stanford junior ? Ce n'est pas suffisant, puisque à côté des souvenirs de l'enfant, voici les pipes dans lesquelles fuma M. Stanford senior ; voici ses blagues, voici les peignes dont Mme Stanford – encore vivante – consentit à se démunir, voici, sous verre, la robe qu'elle revêtit elle-même pour poser devant M. Bonnat, celle qu'elle portait à White-House, etc. !

On dit la fondatrice un peu faible du cerveau. Les gens qui veulent la frapper à la bourse commencent par la frapper à la tête… Ils vont à elle et l'assurent que son fils mort ne désapprouverait pas le don qu'ils sollicitent. Elle leur demande toujours vingt-quatre heures pour consulter son fils. Et, suivant l'inspiration du mort, elle donne ou ne donne pas…

Aussi doit-on excuser cet étalage un peu extravagant. Mais personne ne sourit ni du musée filial, ni de la garde-robe maternelle, ni des « fumeries » paternelles, ni des statues de bronze de toute la famille. Comme tout cela est enfermé entre des murs de marbre, que des millions par dizaines ont été dépensés, et que, surtout, le sens du ridicule et de l'ironie est presque inconnu ici, on admire de confiance, comme on admire, à Boston, le musée historique des États-Unis.

***

Heureusement, toutes les œuvres philanthropiques n'ont pas ce caractère d'une vanité si naïve.

Les *settlements* sont des institutions admirables. Ceux et celles qui s'en occupent ne sont pas précisément des gens riches, au contraire. Ils donnent leur temps, leur dévouement, avec une modestie mille fois plus attrayante et plus respectable que l'encombrante ostentation de Stanford. Ces *settlements* n'ont pas de but bien défini. Leurs attributions varient suivant la forme d'imagination ou d'activité spéciale des organisateurs, suivant les besoins ou les occasions aussi. Généralement quelques dames, quelques jeunes filles louent de leurs deniers, dans un quartier ouvrier, une maison quelconque aussi vaste que leurs moyens le permettent.

Puis elles se rendent à domicile, invitent les hommes et les femmes à y venir. Ici, par exemple, dans celui où me conduit miss Jessie Peixotto, et dont elle s'occupe avec un dévouement simple et charmant, les dames ont fondé le Club des Mères. Les femmes des ouvriers du faubourg et leurs filles y apportent leurs affaires à raccommoder ; on leur enseigne à coudre (car la plupart dans ce pays ne le savent pas), à repasser, à couper des patrons, à faire la cuisine. Ce jour-là, on leur montrait dix façons de faire cuire dix sous de viande.

Les hommes aussi sont reçus. Ils s'y occupent de tout ce qui les intéresse. Tout ce qu'ils doivent savoir pour s'améliorer, se défendre dans la vie, s'enrichir, lutter, trouve ici sa place. Il s'y fait des conférences sur l'utilité des *trade unions*. Car l'Amérique s'augmente chaque année de sept à huit cent mille individus nouveaux, qui n'ont jamais fait partie d'aucune association syndicale et qui s'y montrent réfractaires. Ils s'initient aux résultats de l'association, apprennent quels sont leurs droits, lisent des chapitres de la Constitution, de la législation de l'État californien, on les encourage à voter, à se soucier des projets de lois à imposer à leurs mandataires, sur le travail des enfants, sur les logements insalubres, que sais-je encore ? Au bout de quelque temps, ils savent comment diriger un débat, apprennent à parler eux-mêmes. En un mot, à tous ces gens venus des quatre coins du monde, ignorants pour la plupart, isolés et exposés aux mille dangers de la solitude, on crée une vie sociale, un foyer, des préoccupations qui élargissent leur horizon de labeur maniaque, et on améliore leur vie matérielle.

Les enfants aussi ont leur place dans les *settlements*. Ils y trouvent une salle de gymnastique, une bibliothèque, des jeux. Parfois, il arrive qu'une quinzaine de jeunes gens du quartier se groupent et viennent demander un local pour fonder un club. Il leur est accordé. Ils y sont les maîtres absolus.

La charité est vraiment abondante en ce pays prospère. Elle est même souvent exploitée, comme partout, par des professionnels. Mais le génie pratique de la race se défend contre les abus. Et le trust de la bienfaisance a fait son apparition à San Francisco, trust utile celui-là. Il s'appelle le Comité des dotations charitables. Institué non seulement pour protéger la société contre les fraudes, mais aussi contre les entreprises inutiles, il renseigne toutes les sociétés de charité qui ont recours à lui, distribue des cartes aux gens de bonne volonté et honnêtes qui seuls ont qualité désormais pour recevoir les offrandes et les dons.

Le trust applique les méthodes d'affaires à la bienfaisance. Ainsi, il se refuse à organiser lui-même des concerts et autres attractions semblables et en donne le monopole à des entrepreneurs spéciaux. Les gens charitables placent alors les billets ; l'organisateur paye les frais, prélève cinquante pour cent sur la recette et verse le reste à l'œuvre. Ainsi, le trust ne court aucun risque.

Pour la répartition des secours, l'organisation est la même. Le trust a des agents dévoués dans le personnel des *settlements*, qui vont eux-mêmes au domicile des malheureux, s'enquièrent et dressent un dossier complet qui sera soigneusement classé dans ses archives.

Il s'occupe du placement des enfants, emploie à cet effet des agents salariés qui n'ont aucun intérêt dans ce placement, organise des orphelinats, des crèches, des œuvres de soins aux malades, etc.

Et tout cela en dehors de l'État, sans subvention officielle, sans contrôle politique, sans entrave, par la seule force de l'initiative privée, par la seule vertu de l'individu.

***

Les Français qui habitent la Californie ont fini par prendre à l'Amérique son génie d'organisation et ses qualités d'entreprise.

La Société française de bienfaisance mutuelle de San Francisco, fondée en 1851, se trouve aujourd'hui dans une prospérité fantastique. Elle a trop d'argent en caisse. Elle ne sait qu'en faire ! L'un des membres de la Société me disait en plaisantant : « Si le gouvernement français a besoin de quelques centaines de mille francs, nous les tenons à sa disposition ! »

Nos compatriotes ont fondé ici un hôpital merveilleux qui ferait honte à la plupart des hôpitaux de Paris. J'ai parcouru les salles d'opérations pourvues des appareils du dernier modèle, les chambres de malades, toutes les dépendances : on chercherait en vain un grain de poussière sur les murs de faïence, aux angles arrondis ; tout ce que la science moderne a inventé pour l'antisepsie, pour l'aération, pour le confort de ceux qui souffrent, est appliqué ici avec une munificence, une abondance vraiment enviables. Quand j'y passai, on venait d'installer des ascenseurs et des galeries vitrées, exposées au midi, pour la promenade et le repos des convalescents. Les traits essentiels de cette organisation sont la séparation absolue des malades (puisqu'ils ont chacun leur chambre) et l'isolement des maladies contagieuses dans des pavillons séparés.

L'hôpital comprend quatorze corps de bâtiment, un pavillon d'opérations, un pavillon pour les tuberculeux, un pavillon pour les autres maladies contagieuses, un pour les convalescents. Sans compter les fours de désinfection, la morgue, les cuisines, les salles de consultations, les pavillons de bains – bains naturels, médicinaux, sulfureux, salés, bains de vapeur, bains turcs, douches, massages. Deux services séparés pour les deux sexes.

La force est produite par des machines spéciales à l'hôpital, deux chaudières de soixante chevaux, pompe hydraulique, buanderie avec appareils modernes, fabrique de savon, élévateurs pour tous les services.

La lumière vient du plafond et de larges fenêtres. L'air est renouvelé toutes les dix minutes dans les salles d'opérations, toutes les quinze minutes dans les chambres des malades, toutes les vingt minutes dans le reste des bâtiments, au moyen d'appareils de ventilation qui font mouvoir l'air à raison de cinq à dix pieds par seconde.

La Société compte quatre mille neuf cents sociétaires qui payent chacun soixante francs de cotisation annuelle, et sans jamais y manquer ! Elle encaisse annuellement cent vingt-six mille dollars de recettes, soit près de six cent cinquante mille francs, ce qui donne un excédent des recettes sur les dépenses de cent trenet-cinq mille francs. Le total de son avoir en 1903 est de deux millions et demi !

Exemple frappant de ce que peut accomplir une agglomération de Français abandonnés à eux-mêmes dans un pays libre ! Leçon donnée par ces pionniers hardis à nos vieilles sociétés qui ne peuvent faire un pas sans la béquille de l'État.

SAN FRANCISCO
LA VILLE CHINOISE

La Chinatown. — Vingt-cinq mille Fils du Ciel émigrés en Californie. — Concurrence redoutable. — Lois d'interdiction. — Aspect de la ville chinoise en plein jour. — Étalages peu appétissants. — Le soir. — Marchand de cancrelats. — Une soirée au théâtre. — Les hommes-femmes. — Mise en scène shakespearienne. — Les suceurs de canne à sucre. — Loges d'artistes. — Taudis nauséabonds. — Les fumeurs d'opium. — Un musicien. — Un diseur de bonne aventure. — Le squelette qui fume. — Un chat fumeur d'opium. — Pour chasser les démons. — Humanité dégradée.

On m'avait montré le quartier chinois de New York, et je ne l'avais pas trouvé assez intéressant ni assez typique pour en parler. Le rêve que j'avais fait de porcelaine bleue, de cormorans, de gros mandarins souriants et de jonques laquées, ne se situait pas sous le ciel gris de la Nouvelle-Angleterre, dans cette boue glacée, dans ce vacarme infernal et cette fièvre d'agitation. Je savais, d'ailleurs, que je verrais la Chinatown de San Francisco. C'est ici, en effet, qu'il faut venir si on veut se faire une idée de la vie chinoise sans aller en Chine. Tout un quartier de San Francisco est occupé par les Célestes, non loin de la baie, en plein centre américain, le long et en travers des rues en pente, entre Market Street, la grande voie commerçante, et Pacific Avenue, quartier des résidences riches. C'est M. Chamot, dont je vous ai déjà parlé, le héros du siège de Pékin qui a rapporté de si curieux souvenirs des palais impériaux et qui m'a servi de guide en compagnie de sa charmante femme, de M. Lusenchi, directeur du journal français de la ville, de M. Clerh, ingénieur français, qui est en train d'installer ici des industries françaises, et d'un détective colossal choisi par M. Chamot. Car n'il n'oserait s'aventurer seul, la nuit, dans ce quartier mal éclairé.

Ces vingt-cinq mille Chinois, abrités à l'ombre des collines qui forment la baie, ont l'air d'avoir été apportés là un jour de tempête par un gros flot venu du large !

C'est pourtant autrement qu'ils y vinrent. En 1848, ils n'étaient que trois, deux hommes et une femme. Au 1er janvier 1850, on comptait sept cent quatre-vingt-neuf hommes et deux femmes. L'année suivante, le chiffre s'élevait à quatre mille dix-huit hommes et sept femmes. Et au mois de mai 1852, les immigrants chinois formaient un total de près de douze mille hommes et de huit femmes. À l'heure qu'il est, sur les vingt-cinq mille Chinois qui habitent San Francisco, on trouve à peine une centaine de femmes.

Devant cette invasion toujours croissante,

l'Américain pratique a pris des mesures sérieuses. Les syndicats ouvriers, qui voyaient dans le Chinois un concurrent redoutable, puisqu'il se contentait d'un salaire dérisoire, ont eu vite fait d'obtenir du Congrès des lois contre l'immigration chinoise. Et à présent, il n'entre plus de Célestes dans les ports des États-Unis, où la surveillance est étroite. Ceux qui réussissent à y pénétrer viennent du Canada ou du Mexique, par des coins de frontière mal gardés. Car la Chine est là, en face, de l'autre côté du Pacifique ; on la devine derrière la Porte d'Or, à quinze jours de bateau, presque voisine pourtant, la Chine pullulante et abrutie.

***

Le jour, de chaque côté des rues en pente, c'est la reproduction des imageries connues, des cartes postales illustrées, façades multicolores, toits retroussés, dorures, étalages sordides de mangeailles innommables, entrailles verdâtres de bêtes, carcasses séchées de volailles, corbeilles de fruits poussiéreux, légumes fanés, épiceries mystérieuses, devantures d'apothicaires aux herbes grillées, à travers lesquelles on voit des pharmaciens, avec un éternel sourire sur les lèvres, hacher du bois de réglisse en petits morceaux, ou rouler des pilules entre les extrémités de leurs longs doigts sales aux ongles recourbés ; ou bien, derrière les vitres, on aperçoit des écrivains publics dessiner à petits coups rapides, avec leurs roseaux trempés de sépia, des lignes d'écriture perpendiculaires sur des planches ou des parchemins ; ou bien encore des perruquiers qui rasent méticuleusement les crânes de leurs clients. Des hommes, des femmes, des enfants, en toilette, la longue tresse noire battant les mollets, les cheveux huilés, plaqués, lisses sur le crâne, le buste couvert de blouses de lustrine noire, brillante et raide, les jambes dans de larges pantalons courts, et les pieds chaussés de souliers pointus aux épaisses semelles élastiques.

Le soir, dans les rues éclairées de lampes électriques, le mouvement est plus animé encore. Sans cesse, des Chinois pressés et fiévreux entrent dans les maisons de thé et les clubs de jeux. Les portes folles de bois peint à deux vantaux battent les unes contre les autres dans un claquement continu.

Il faut vivre ce soir la vie chinoise.

Suivons les hommes dans une maison de thé. C'est une grande salle aux boiseries laquées et dorées ; des sièges d'ébène incrusté de nacre sont placés le long des murs et autour des tables, des bancs de marbre, des canapés couverts de petits coussins. Une odeur fade de fumée froide flotte dans l'air. Ici, un peu plus tard, les Chinois viendront boire leur thé et fumer leur opium.

Nous passons chez un épicier. Des paquets de canne à sucre encombrent la boutique, cela se vend au détail pour sucer et aussi pour faire infuser dans l'eau bouillante. Sur les murs, grimpent ou sommeillent d'énormes cancrelats, bêtes noires, horribles, repoussantes, que le Chinois adore, engraisse et cultive pour le régal de ses clients et le sien.

Puis nous allons au théâtre. On a souvent décrit ces salles nues, mal éclairées, remplies d'une foule attentive et silencieuse d'hommes aux petits yeux noirs, aux pommettes saillantes, coiffés de chapeaux de feutre mou d'où pendent de longues tresses. Hommes et femmes sont séparés, les hommes en bas, les femmes autour d'une galerie au premier étage. Mais aucun de ces costumes mirobolants qu'on voit sur les potiches et les assiettes, pas de soieries ni de dorures, des casaques noires de lustrine. Ce qui est curieux, c'est la naïveté de ces têtes mimant docilement sur leurs traits le jeu des acteurs, de ces bouches ouvertes qui montrent les dents avariées, le puits noir dont les lèvres sont la margelle.

Sur la scène, où l'on nous fait asseoir à la droite des artistes, le décor est représenté par deux bambous et une vieille natte de paille, un petit rideau de serge verte, large d'un mètre cinquante et enfin deux chaises de bois. L'orchestre, si on peut appeler ainsi cet affreux mélange de biniou criard, de gong, de viole rouillée et de cymbales, sans rythme perceptible à nos oreilles, accompagne la parole des acteurs. Pas de femme parmi les artistes, comme on sait ; les rôles féminins sont tenus par des hommes douteux, rasés de près, à la voix grêle, nasillarde et chevrotante.

Le sujet de la pièce, que m'expliqua M. Chamot, était tout à fait enfantin, et les péripéties plus naïves encore : une jeune fille que son père ne veut pas laisser marier, et qui boude, qui raisonne et déraisonne avec des mines et des grimaces comme on en voit dans les vieilles peintures primitives.

Dans la salle, au lieu de marchand d'oranges, de bonbons, caramels, sucre d'orge, se promène un bonhomme chargé de morceaux de canne à sucre qu'il vend, ma foi, en abondance.

Pendant un entracte, nous fûmes admis au foyer des artistes, cahute sale et puante, encombrée de boîtes de couleurs, de godets de carmin, de vert, de bleu, de blanc, de noir et de pinceaux, comme les boîtes des peintres. Un miroir de dix centimètres, cassé et collé au mur, servait à toute la troupe.

Nous quittâmes ce trou d'asphyxie, en descendant des escaliers de bois, en traversant des sous-sols aux corridors étroits, des cuisines sans issue, sans air, un dédale effrayant de couloirs bordés de soupentes infâmes, obscures, grillagées, par où s'apercevaient des apparences de lits superposés, comme dans les cabines de steamers ; des Chinois dormaient tout habillés, roulés en boule dans des couvertures, la tête tournée vers le mur sale où pendaient des loques sans nom autour desquelles et sur lesquelles erraient des cancrelats et des punaises : c'était une maison de la ville chinoise.

Ailleurs, les Chinois, tout en fumant, jouaient aux cartes avec leurs longs ongles, dans des pièces de deux mètres carrés, éclairées par un mauvais bec de gaz. Leur figure était jaune comme de la cire, les traits tirés ; ils faisaient un minimum de gestes et ne parlaient pas. À la porte de ces réduits s'élevait un petit bouddha doré éclairé par une chandelle.

Cinq cents personnes vivent dans cette cave sans air, avec des enfants, misérables mioches aux pauvres yeux boursouflés et au teint de laque jaune. Nous étouffions littéralement, presque asphyxiés par l'air épais et les odeurs stagnantes. Nous sortîmes. En mettant le pied dans la rue, nous poussâmes de longs soupirs, comme des gens qu'on vient de ramener à la vie. La lune se promenait dans le ciel pur.

Mais, comme le pêcheur de perles qui, une fois revenu à la surface, ne pense qu'à replonger dans la mer, je demandai à voir encore.

Nous entrâmes dans une autre maison. Nous vîmes un musicien chinois qui jouait d'une sorte de cithare, très plate ; il frappait avec des pellicules de bambou de minces fils de cuivre, et le son qui en sortait n'avait aucun charme pour nos oreilles ; il en fut de même pour une mandoline et pour une flûte de roseau d'où il tirait de petites plaintes inoffensives dont le sens nous échappa complètement.

Puis nous entrâmes dans le taudis d'un diseur de bonne aventure. Il écrivit notre destinée sur des feuilles de papier rouge. Et ce fut aussi vague que les prédictions de nos célèbres chiromanciennes.

Le détective nous demanda si nous voulions voir de près de vrais fumeurs d'opium. Et sur notre réponse affirmative, il frappa à une porte près de laquelle nous nous trouvions, au bout d'un couloir étroit, bas et sale ; il entra, et nous le suivîmes. Dans un chenil immonde, cinq ou six grabats s'étendaient et se superposaient ; il n'y faisait presque pas clair. Tous les lits étaient occupés, mais les gens dormaient, nous tournant le dos.

Il réveilla l'un des dormeurs, et se mit à lui parler.

Le Chinois prit une sorte de gros bambou creusé à son milieu d'un petit fourneau crasseux, enleva d'une boîte un peu de pâte brune avec un bâtonnet, la bourra dans le fourneau et l'alluma à une bougie. Il avait sans doute déjà beaucoup fumé ce soir, car sa physionomie était déjà noyée dans l'extase. Il lui fallait ouvrir la bouche toute grande pour aspirer la fumée de sa grosse pipe, et il était affreux à voir. Sa peau jaune collée sur ses os luisait comme un vieil ivoire qu'on aurait huilé ; sa bouche, qui bavait une salive incessante, avait un sourire d'idiot. Il nous montra son bras : littéralement, c'était un os, sans chair, et qui paraissait presque sans peau, tant elle y adhérait. Au bout de quelques minutes, il avait fini sa pipe et s'allongeait en fermant ses yeux morts.

J'étais écœuré, mais je regardais intensément ce malheureux squelette à la tête de vieille femme. C'était bien l'alcoolique des maisons de fous, sans délire violent, aussi abruti, aussi maniaque, aussi inconscient que l'ivrogne de nos latitudes.

Le détective lui donna de notre part quelque monnaie, car il faut bien alimenter ces monstres pour la clientèle !

Il frappa à une porte voisine et le même spectacle s'offrit à nous. D'autres misérables, couchés sur d'affreuses litières puantes, dormaient dans l'ivresse. L'un d'eux, réveillé, expliqua qu'il avait rendu son chat fumeur comme lui. En effet, des qu'il alluma sa pipe, un pauvre animal se leva d'un creux du lit, s'approcha gravement du Chinois et le regarda. Alors celui-ci aspira une large bouée de fumée, saisit la tête du chat et lui insuffla la fumée dans la gueule. Il se laissa faire docilement, ferma doucement ses yeux striés d'or, mais presque voilés, et regagna son trou à pas lents.

– Si je ne lui en donne pas, nous explique-t-il, il devient malade. C'est tout à fait comme moi...

C'en était assez pour ce soir...

Nous sortîmes enfin. Un vaste écœurement m'avait pris de ces horreurs.

Nous nous promenâmes dans les rues pleines d'animation. La rue des clubs grouillait des allées et venues des joueurs. Les grosses lampes électriques éclairaient les façades de planches dorées, de bois vert et rouge grillagé, les balcons découpés.

Il était minuit. Les Chinois travaillaient encore dans les échoppes. Sur le bord des trottoirs, des femmes chinoises brûlaient des faisceaux de petites bougies multicolores et des tas de papiers pour chasser les démons du seuil de leurs demeures.

Où était mon rêve de porcelaines bleues, de vases cloisonnés, de soieries brodées de dragons d'or et de cormorans d'azur ? Il n'en restait que des bouddhas de pacotille allemande aux devantures des magasins, les affreuses Joss Houses en toc, et l'odeur nauséabonde de l'opium flottant autour de ces descendants corrompus du Fils du Ciel.

LA CALIFORNIE

Un pays de grand avenir. — L'œil américain ouvert sur le Pacifique. — La bataille de demain. — Une proie facile. — Conflits à prévoir avec l'Europe. — La contrée des fruits. — Un verger colossal. — Statistique des exportations. — Les pruneaux d'Agen. — Fruits falsifiés. — Vins californiens et vins français. — Guerre à mort. — Infériorité des vins du cru. — Incompétence des palais américains. — Le trust du raisin. — Un comble. — Navires français alimentés de vins étrangers. — Le pétrole. — Sources inépuisables. — L'huile en pleine mer. — La mer en feu. — Le charbon anglais et les voiliers français. — Multiples emplois du pétrole. — Usines. — Chemins de fer, bateaux, fourneaux de cuisine. — La fin de l'or. — Deux villes nouvelles : Seattle et Tacoma. — Pas de navires français. — À quoi pensent nos armateurs ?

Je ne puis quitter cette contrée sans vous donner une idée de ses étonnantes richesses et de l'avenir qui lui est réservé. L'un des sols les plus fertiles de l'univers, un climat toujours égal, joints à la situation idéale de ses côtes en feront à n'en pas douter, avant peu d'années, un des États les plus riches des États-Unis.

C'est par la Golden Gate (Porte d'Or) qui s'ouvre toute grande sur le Pacifique que l'Américain guette la Chine. C'est par là que passeront les énormes cuirassés des chantiers de l'Union Iron Works que l'Europe et le Japon trouveront dans vingt ans, devant les leurs, du Pacifique à l'océan Indien. Je ne parle pas de ceux de New York et de Cramps à Philadelphie qui se promèneront dans l'Atlantique et sur les rives de la Colombie. Car une fois le canal percé et entre les mains des États-Unis, ne pourront-ils pas faire, et cette fois efficacement, le trust universel de l'eau salée ?

Vous le savez, l'Amérique se prépare à la grande lutte économique qui doit un jour ou l'autre éclater entre l'ancien et le nouveau continent. Elle se dit que dans vingt ans sa force industrielle, aura décuplé, qu'elle aura déjà inondé l'Europe de ses produits et qu'alors il faudra leur trouver de nouveaux débouchés. Où ? Évidemment vers cette Asie grouillante de quatre cents millions d'êtres qui s'offre comme le déversoir naturel de son expansion. Mais l'Europe l'y aura devancée. Qu'arrivera-t-il ? Et l'Amérique s'arme, construit des cuirassés, en construira encore, sans fin. En effet, le Yankee n'est pas homme à se soucier d'un obstacle. Pour lui comme pour l'Anglais, il n'y a que la force qui vaille. Et l'on assistera alors au plus formidable duel qu'ait jamais vu la terre. Car la planète a des bornes. L'Afrique n'étant pour ainsi dire pas peuplée, il ne restera aux puissances conquérantes que l'Asie à s'assimiler. La position de San Francisco, à quinze jours de mer de Yokohama et à vingt jours de Pékin, donne aux États-Unis une avance énorme sur l'Europe. Et quand l'Atlantique d'un côté et le Pacifique de l'autre seront devenus des lacs américains sillonnés de steamers bourrés de marchandises bon marché et de navires de guerre gavés d'obus, que deviendra l'Europe désunie devant cet ogre réaliste ?

En attendant, la Californie reste un paradis fait de vergers immenses qu'exploite le génie organisateur de l'Américain.

Il n'y a nulle part au monde autant de fruits que dans ce coin du Far West. Je vous ai parlé des champs infinis d'orangers, de citronniers et de fraisiers qui entourent Los Angeles. Je suis allé aussi me promener près d'ici, dans la vallée de Santa Clara, à San José. C'était justement la saison où les pruniers, les cerisiers et les abricotiers fleurissent. Jamais je n'avais vu de jardins aussi blancs, aussi roses ! À l'infini, une neige lumineuse s'étendait à deux mètres du sol, et semblait, par la perspective, continue. Le vert du gazon lui-même disparaissait sous le rideau des arbustes candides.

Ce sont ces fruits qu'on exporte dans toute l'Europe, en Suisse, en Angleterre, en Allemagne, en France même. Voulez-vous connaître quelques-uns des chiffres fabuleux de ces exportations ?

L'État de la Californie a exporté six millions neuf cent mille caisses d'oranges dans l'année 1901-1902, à raison de cinquante oranges par caisse.

Plus mille deux cents wagons de douze tonnes de

prunes, deux cent vingt-deux d'abricots, mille sept cent soixante-dix-sept de pêches, mille trente-trois de raisins, sept cent huit de noix et deux cent trente-trois d'amandes.

Voilà pour les fruits frais[6].

Les fruits conservés donnent des chiffres plus fantastiques encore.

On a exporté la même année vingt-quatre millions de livres de pêches, douze d'abricots, six de pommes, cinq de poires, quatre-vingt-dix-huit de raisins secs et cent cinquante de pruneaux.

La France était jusqu'à présent le grand fournisseur des fruits méridionaux. Faut-il avouer qu'une des années passées, la récolte ayant été mauvaise dans notre Midi, une grande partie des pruneaux d'Agen venait d'ici ?

On pense bien que, dans un tel monopole, tout ne va pas sans quelque abus ? Les prunes qu'on envoie de Californie en Suisse et en Italie, et que nous rachetons ensuite, sont le plus souvent trempées dans un bain d'alun, de glycérine et de fuchsine qui leur donne plus de poids, mais qui en durcit la peau. Et c'est ce qui fait que l'on mâchonne quelquefois si péniblement certains pruneaux de conserve. Quant aux pêches et aux abricots, on les passe deux fois au soufre pour leur conserver bonne apparence. Mais il

6. Dans les ranchs de la Californie, ce sont les Chinois et les Japonais qui font la cueillette des fruits pour un dollar par jour. Les Américains veulent gagner deux dollars au minimum et, à ce taux, les fruits reviendraient trop cher. (N.d.A.)

se forme à la surface un résidu d'acide sulfurique, qui devient très dangereux pour les estomacs. C'est pour cette raison que les Allemands ont interdit chez eux l'entrée des fruits de Californie.

Les autres denrées d'exportation sont le houblon, le miel, la betterave à sucre, les haricots et les citrons. Inutile de vous en citer les chiffres qui se rapprochent proportionnellement de ceux ci-dessus.

***

Les vins californiens font une concurrence effrayante aux vins français. C'est une guerre sans merci. Les journaux de la région racontent, dans des éditions spéciales que j'ai sous les yeux, que « les vins français sont faits avec des vins californiens », et que ce sont ces vins qui reviennent de France avec une étiquette française qu'on fait boire aux Américains comme vins de Bordeaux. La vérité est exactement le contraire ; les vignerons de Californie ont donné le nom de nos plus grands crus du Médoc à des boissons innommables. Le public ignorant et crédule croit, avale pourtant toutes ces bourdes, et, peu à peu, comme il n'y a pas de riposte, notre marque s'efface et disparaît. Dieu sait pourtant si ces vins sont mauvais, durs, désagréables à boire, à part quelques vins blancs vraiment remarquables, peut-être un peu chargés d'alcool.

D'ailleurs, ici, le vigneron ne fabrique plus son vin lui-même. Il vend son raisin aux trusts à raison de cent cinquante francs la tonne, et les trusts en tirent jusqu'à quatre vendanges successives, selon la force colorante du raisin.

Et c'est ce vin qu'on distribue aux navires français en station à Tahiti, à tous les bâtiments de l'escadre et à la garnison, alors que les quatre-vingt-cinq voiliers français qui viennent ici sur lest pourraient si facilement en apporter de France ! C'est le même aussi qu'on vend par quantités dans l'Alaska à raison de quatre francs le litre.

Vous savez qu'en France on a reconstitué les vignobles méridionaux avec ce qu'on appelle les plants américains. Ici, les vignes qui produisent le meilleur vin sont des plants français, entre autres le Rupestris-Saint-Georges, de l'Hérault, très fort, très résistant, qui produit beaucoup.

La consommation des vins aux États-Unis est de douze millions de gallons par an, à peine cinquante millions de litres, c'est-à-dire un peu plus d'un demi-litre par tête d'habitant et par an. Par contre, la consommation du whisky y est de six litres par tête d'habitant et par an !

Le pétrole, depuis quinze ans, est devenu l'une des richesses les plus considérables du pays. Il est venu remplacer, dans la spéculation, les mines d'or qui sont à peu près épuisées. On a tiré des puits de pétrole, en 1902, treize millions de barriques de quarante-deux gallons, soit, à raison de quatre litres et demi le gallon, vingt-quatre millions et demi d'hectolitres de pétrole.

Ces chiffres paraissent invraisemblables. Mais on les comprend mieux après avoir parcouru la contrée, où l'on rencontre presque à chaque pas des puits en travail. Il n'existe presque pas de ville ni de village un peu important où, en creusant un peu, on ne touche le pétrole. Les jours de pluie, l'eau qui coule dans les rues s'irise de la pellicule violette de l'huile ; sur le rivage de la mer, en pleine eau, en arrivant à Santa Barbara, des centaines d'appareils vont chercher le pétrole ; on voit les balanciers infatigables qui, de leurs mouvements lents, automatiques, aspirent dans les tuyaux innombrables le précieux liquide. À cet endroit, il y a des jours où la mer est en feu. Il suffit de jeter une allumette brûlante dans l'océan Pacifique pour se payer le luxe de ce spectacle néronien !

Mais on ne se contente pas de découvrir et d'exploiter les puits à pétrole. On cherche à utiliser la matière et à en répandre l'emploi. Comme le charbon que l'on consomme dans l'extrême Ouest vient d'Angleterre, amené par des bateaux français, il revient, naturellement, un peu cher. J'ai appris le fait avec une certaine stupéfaction. Oui, la houille consommée en Californie est de la houille de Newcastle et d'Écosse que des voiliers français apportent ici à raison d'un prix de fret de six schillings la tonne. Et elle revient encore à meilleur marché que si on l'amenait de Pennsylvanie par voie de fer. Aussi, la plupart des bateaux à vapeur se servent-ils à présent du pétrole. Dans l'industrie, le pétrole remplace, d'ailleurs, à peu près partout, la houille ; les restaurants eux-mêmes ont des fourneaux à huile minérale, les chemins de fer s'y sont mis également. Et chacun y a son avantage, puisque l'économie du calorique est de quarante pour cent. De plus, la propreté est plus grande, la manutention plus facile, la production de la vapeur plus rapide, les chaudières s'usant moins vite. Sur les navires, le nombre des chauffeurs peut être réduit des deux tiers, l'espace occupé par le charbon peut être économisé pour le fret et les munitions.

Voici un exemple et un calcul qui feront comprendre l'économie de cette substitution. Pour aller de San Francisco à Manille, le courrier de Tahiti, le *Mariposa*, consommait quatre-vingts tonnes de charbon par jour à huit dollars cinquante la tonne. Le trajet aller et retour demande soixante jours, soit quatre mille huit cents tonnes, soit quarante mille huit cents dollars (deux cent quatre mille francs). Depuis qu'il se sert d'huile de pétrole, il en consomme pour faire le même trajet dans le même temps trois mille tonnes à quatre dollars, soit une économie de trente mille dollars (cent cinquante mille francs !) De plus, l'usage du charbon exigeait un équipage de trente-six hommes, l'usage de l'huile permet d'en réduire le nombre à seize.

Donc, grâce à cette nouvelle richesse, la Californie, qui était jusqu'à présent un pays agricole et minier, va devenir un pays d'industrie. On y fera de tout : du fer, du verre, tous les produits industriels qui demeuraient jusqu'à présent le monopole des États de l'Est.

Et cette prospérité générale, cette croissance incontrôlable que l'on constate partout à travers ce pays fantastique, paraissent ne devoir pas avoir de bornes. Les richesses qui s'éteignent – comme celles des mines d'or – sont remplacées, ainsi qu'on vient de le voir, par d'autres richesses ; quand le pétrole sera épuisé, il restera à exploiter des centaines de kilomètres de terrain saturé d'huile de naphte ; des villes comme San Francisco, qui se sont peuplées de quatre cents mille habitants en cinquante ans, se voient à leur tour concurrencées par des cités fondées d'hier et qui menacent de les dépasser encore, puisque voilà qu'au nord de la Californie, à deux cents kilomètres au sud de Vancouver, à dix jours de mer de l'Alaska, deux grandes villes sont en train de se former dont on parlait à peine il y a dix ans et dont la prospérité rapide tient du vertige : elles s'appellent Seattle et Tacoma. Seattle avait mille cent sept habitants en 1871, quatre-vingt mille en 1900, et elle atteint aujourd'hui cent trente-cinq mille habitants !

Le commerce du port de Seattle suit la même progression.

Alors qu'en 1896, ses importations n'étaient que de quatre cent mille dollars, six ans après en 1909, elles s'élevaient à huit millions et demi de dollars ! Les exportations, qui montaient à un million huit cent mille dollars en 1896, atteignent, en 1902, onze millions de dollars. Au lieu d'aller à San Francisco, six cent cinquante-six vapeurs et cent soixante-trois voiliers sont venus à Seattle en un an. Six cent cinquante vapeurs et cent quarante-trois voiliers de différents tonnages sont partis de Seattle chargés pour l'Orient, les colonies, même pour l'Allemagne.

Et pas de navires français ! La moitié sont des anglais. Nos bateaux, entretenus par les primes à la marine marchande, pourraient pourtant lutter contre leurs concurrents. Mais il parait qu'à part les charbonniers chargés de houille anglaise, ils font la traversée colossale de France à l'Ouest américain sur lest, c'est-à-dire sans aucune marchandise à bord. Ils pourraient, au moins, apporter du ciment, des engrais, même des vieux pavés. Mais comme l'État français leur paie une prime par chaque mille parcouru, ils n'ont qu'à se promener à travers les océans, à faire enregistrer leur passage dans les ports par les consuls, et les armateurs s'enrichissent... Je n'ose trop m'aventurer sur ce terrain, car je ne peux croire à une telle folie. Pourtant, des gens dignes de foi, des Français importants, me l'affirment en gémissant.

Jules Huret
(1864-1915)

1848. – James W. Marshall découvre de l'or à Sutter's Mill près de Sacramento en Californie. Début de la Ruée vers l'or. Le territoire californien entre dans l'Union américaine par le Traité de Guadeloupe Hidalgo.

1849. – Première Constitution de la Californie qui interdit l'esclavage.

1850. – La Californie devient un État membre des États-Unis.

1852. – Avec l'afflux de chercheurs d'or du monde entier, la population californienne a décuplé.

1858. – Fin de la Ruée vers l'or.

1861-1865. – Guerre de Sécession. La Californie joue un rôle distant.

1864. – Naissance de Jules Huret à Boulogne-sur-mer dans une famille modeste de pêcheurs.

1868. – Des corporations minières employant des coolies chinois remplacent les mineurs indépendants. Lois restreignant l'immigration chinoise en Californie.

1869. – Arrivée du premier chemin de fer transcontinental à Sacramento.

1879. – À la mort de son père, Jules Huret travaille comme aide commis expéditionnaire au secrétariat de la mairie de Boulogne-sur-mer, puis comme chef de bureau de l'instruction publique.

1882. – Le Chinese Exclusion Act interdit l'immigration chinoise en Californie.

1886. – Jules Huret s'installe à Paris et commence à collaborer à différents journaux.

1889. – Il entre comme journaliste à *L'Écho de Paris* puis au *Figaro*.

1890. – Il se fait connaître du public par une enquête policière : *Le Dossier de l'affaire Borras-Pradiès.*

1891. – Après l'enquête, le « reportage expérimental » : entre le 3 mars et le 5 juillet, paraît dans *L'Écho de Paris* sa célèbre *Évolution littéraire, enquête sur le déclin du naturalisme et l'avenir du symbolisme naissant*, une série d'interviews de soixante-quatre écrivains qui concluent dans leur ensemble à la fin du naturalisme. Mallarmé et Barrès y côtoient Richepin et Guiches. L'opération vaut à Huret une grande renommée.

1893. – Publication de *Riches et pauvres* par le Groupe de propagande communiste-anarchiste dans la « Brochure à distribuer », Paris, Révolte, 1893. Contient deux articles de Huret parus dans *Le Figaro* : « Rothschild » et « À Roubaix ».

1896. – Comme les grèves se multiplient, Jules Huret voyage et visite différentes entreprises, dans le cadre d'une consultation du peuple qu'il publie sous le titre *Enquête sur la situation sociale en Europe.*

1897. – Il fréquente le salon parisien de Maurice Maeterlinck.

1900. – Octave Mirbeau lui dédicace le *Journal d'une femme de chambre* : « C'est que nul mieux que vous, et plus profondément que vous, n'a senti, devant les masques humains, cette tristesse et ce comique d'être un homme... Tristesse qui fait rire, comique qui fait pleurer les âmes hautes, puissiez-vous les retrouver ici... »

1901. – Huret réunit ses articles dans *Logis et Coulisses* et dans *Tout yeux, tout oreilles.*

1902. – Il voyage pour *Le Figaro*. En Amérique du Nord, son périple dure huit mois : New York, Boston, Philadelphie, Pittsburgh, Cincinnati, La Nouvelle Orléans, la Californie, l'Utah, le Colorado, l'Arkansas, Chicago, le Niagara, une incursion au Québec, puis retour en France.

1904-1905. – Publication d'*En Amérique. De New-York à la Nouvelle-Orléans* (t.1) et *De San Francisco au Canada* (t.2).

1906. – Un tremblement de terre détruit les trois quarts de San Francisco.

1907-1911. – Huret voyage et publie des reportages sur l'Allemagne dans *Le Figaro* avant de les réunir en volume : *En Allemagne*.

1909-1910. – Huret visite longuement l'Amérique du Sud pour le compte du *Figaro.*

1910-1911. – Publication de *L'Amérique moderne.*

1911-1913. – Publication de *De Buenos-Aires al Gran Chaco* (t.1) et *De Plata à la Cordillère des Andes* (t.2).

1915. – Jules Huret meurt à Paris.

Titres disponibles dans la collection Heureux qui comme...

1. *La Sicile* - Guy de Maupassant
2. *Pompéi* - Théophile Gautier
3. *Rome* - Joseph Méry
4. *Florence* - Alexandre Dumas
5. *Venise* - Alfred de Musset
6. *Athènes* - Alphonse de Lamartine
7. *Les Jeux Olympiques d'Athènes en 1896* - Raoul Fabens
8. *Les Cyclades* - Arthur de Gobineau
9. *Sparte* - Maurice Barrès
10. *Le Péloponnèse* - Edmond About
11. *Le Mont Athos* - Antonin Proust
12. *Le Nil* - Gustave Flaubert
13. *Le Caire* - Gérard de Nerval
14. *Le Sinaï* - Alexandre Dumas
15. *Alexandrie* - Jean-Jacques Ampère
16. *Cléopâtre* - Théophile Gautier
17. *Pékin* - Albert Londres
18. *Shanghai* - Catherine de Bourboulon
19. *Taïwan* - John Thomson
20. *Hong Kong et Macao* - Ludovic de Beauvoir
21. *Moscou* - Armand Silvestre
22. *Saint-Pétersbourg* - Théophile Gautier
23. *La Volga* - Alexandre Dumas
24. *Samarcande* - Alcée Durrieux et René Fauvelle
25. *Le Transsibérien* - Albert Thomas
26. *Boukhara* - Arminius Vambéry
27. *Fès* - Pierre Loti
28. *La Cour du Maroc* - Jean Potocki
29. *Le Sahara* - Eugène Fromentin
30. *Le Rif* - Étienne Richet
31. *Tanger* - Jules Huret
32. *Éloge de l'éléphant* - Jules Brossard de Corbigny
33. *Phnom Penh* - Xavier Brau de Saint-Pol Lias
34. *Angkor* - Pierre Loti
35. *Le Mékong* - Louis de Carné
36. *Le Laos* - Isabelle Massieu
37. *Montréal* - Sarah Bernhardt
38. *Le Klondike* - Jack London
39. *Le Québec* - Maurice Sand
40. *Le Transcanadien* - Edmond Cotteau
41. *Le Saint-Laurent* - Marius Bernard

42. *Séville* - Alexandre Dumas
43. *Madrid* - Madame d'Aulnoy
44. *Majorque* - George Sand
45. *Grenade* - Théophile Gautier
46. *Pampelune* - Victor Hugo
47. *Le Rajasthan* - Pierre Loti
48. *Le Gange* - Jules Verne
49. *Bénarès* - Auguste Villiers de l'Isle-Adam
50. *Inde du Sud* - E. von Leipizger
hors-série. *Le Syndrome du voyageur* - Stendhal
coffret. *Le voyage en Italie* - trois titres
51. *L'Orient-Express* - Edmond About
52. *Hué* - Pierre Loti
53. *Hanoi* - Paul Bourde
54. *Saigon* - Albert Morice
55. *Opium* - Jules Boissière
56. *La Birmanie* - E. Cavaglion
57. *Jérusalem* - Alphonse de Lamartine
58. *Bethléem* - François-René de Chateaubriand
59. *Le Jourdain* - Vicomte de Marcellus
60. *Mexico* - Désiré Charnay
61. *Chercheurs d'or* - Gabriel Ferry
62. *Le Rio Grande* - Emmanuel Domenech
63. *Buenos Aires* - Jules Huret
64. *Rio de Janeiro* - Paul Adam
65. *Constantinople* - Gérard de Nerval
66. *Londres* - Stendhal
67. *La Tamise* - Théophile Gautier
68. *Écosse* - Charles Nodier
69. *Jersey et Guernesey* - Victor Hugo
70. *Irlande* - Alexis de Tocqueville
71. *Vienne* - Gérard de Nerval
72. *Tombouctou* - René Caillié
73. *La Hollande* - Paul Verlaine
74. *Bruges et la Flandre* - Victor Hugo
75. *Bruxelles* - Octave Mirbeau
76. *Anvers* - Théophile Gautier
77. *Terre de Feu* - Charles Darwin
78. *New York* - Paul Bourget
79. *Californie* - Jules Huret
80. *La Frontière* - Alexis de Tocqueville
81. *Louisiane* - George W. Cable
82. *Berlin* - Jules Huret

ISBN : 978-2-35074-201-4
Dépôt légal : 1er trimestre 2012

Achevé d'imprimer en mars 2012
sur les presses de la Nouvelle Imprimerie Laballery
58500 Clamecy
Numéro d'impression : 202257

MAGELLAN & Cie